LE RECRUTEMENT RÉINVENTÉ

Éditeur : Vincent Pichon-Varin
Coordination éditoriale : Claire Blanchaud

30, place d'Italie
75 013 Paris

Vous pouvez consulter notre catalogue général
et l'annonce de nos prochaines parutions sur notre site :
www.cherche-midi.com

Isabelle BASTIDE

LE RECRUTEMENT RÉINVENTÉ

cherche midi

SOMMAIRE

INTRODUCTION

À l'heure où j'écris ces lignes, le marché du travail, porté par une économie dont la croissance permet la création d'emplois depuis 2017, a retrouvé un certain dynamisme. Nous sommes en 2018, et tous les critères semblent réunis pour qu'un véritable mouvement de transformation s'enclenche dans le recrutement.

Les outils de cette transformation existent depuis plusieurs années déjà. Si l'on considère les algorithmes, qui permettent de dresser un portrait du candidat mettant en avant ses compétences comportementales, ou encore les sites Internet, dont les fonctionnalités n'ont cessé d'évoluer, on peut affirmer que l'écosystème technique – et même technologique est opérationnel.

Du côté des candidats, les pratiques et les attentes ont également largement évolué, parallèlement aux progrès techniques. Bon nombre d'actifs ont cessé de chercher une forme de sécurité pour privilégier la voie de l'épanouissement. Ils sont désormais dans une quête de sens plus grande, à la recherche d'un projet d'entreprise enrichissant et d'un environnement de travail adapté et agréable. Les plus jeunes générations, imitées par leurs aînés, sont prêtes à s'investir, mais pas au détriment de leur vie personnelle. Ce qui n'est pas incompatible – bien au contraire – avec une certaine efficacité.

Dans un contexte de marché du travail morose, il est très difficile de faire bouger les lignes. C'est pourquoi il est aujourd'hui essentiel de saisir l'opportunité qui s'offre à nous dans un marché redynamisé, au sein duquel les acteurs retrouvent optimisme et confiance. En 2018, le marché de l'emploi des cadres est en situation de plein-emploi – moins de 3,5 % de chômage –, tandis que les indépendants sont de plus en plus nombreux et de mieux en mieux encadrés, et que les perspectives du marché de l'emploi des salariés non cadres sont également prometteuses.

> **Toutes les planètes sont enfin alignées pour que la révolution du recrutement s'accélère et libère le marché du travail de manière pérenne.**

Les acteurs du recrutement sont à la fois des conseillers avisés et des vecteurs d'innovation. Ils disposent des outils technologiques, de la vision stratégique et des compétences pour engager et accompagner la transformation des entreprises dans leurs projets RH.

Stimulées par les difficultés nouvelles à recruter des candidats, les organisations ont également commencé leur mue. Mais les complications sont sans doute plus grandes de leur côté. En effet, les entreprises sont le fruit d'une somme d'individualités et de composantes qui ne sont pas nécessairement prêtes pour le changement au même moment. Quand certains se projettent avec facilité et accueillent la nouveauté avec envie, d'autres se rassurent en utilisant des méthodes connues, mais devenues inopérantes. L'entreprise doit donc avant toute chose opérer un changement de mentalité. Non, il n'est plus adéquat de recruter uniquement sur les compétences techniques et l'expérience. Il faut désormais s'ouvrir aussi – et surtout ? – aux compétences comportementales, et privilégier la motivation et la personnalité des candidats. La raison pour laquelle ce changement est plus compliqué à opérer au sein de l'entreprise est simple : les méthodes de recrutement font partie d'une culture profondément ancrée. Le diplôme est depuis toujours érigé en sésame de l'emploi parce qu'il rassure l'entreprise devant un Code du travail encore trop peu flexible. De plus, le fait de recruter sur la personnalité des candidats constitue un risque.

Voici donc le projet de ce livre : expliquer les raisons pour lesquelles les acteurs de l'emploi n'ont jamais été aussi près de permettre une métamorphose salvatrice et régénératrice pour notre économie et nos entreprises. Toutes les planètes sont enfin alignées pour que la révolution du recrutement s'accélère et libère le marché du travail de manière pérenne.

Chapitre I

LA FIN DES MODÈLES

1

LES NOUVEAUX CANDIDATS

“Ces dix dernières années, le rapport au travail a évolué de façon considérable. Les entreprises se retrouvent face à de nouveaux candidats et doivent se transformer pour répondre à des aspirations inédites.

DES CANDIDATS EN QUÊTE DE SENS

Plus encore que dans les décennies qui ont suivi Mai 68, les nouvelles générations veulent trouver un sens à leur profession : elles désirent connaître l'objectif pour lequel elles travaillent. Cette quête de sens, si elle a toujours été importante, se trouve aujourd'hui en haut de la liste des priorités des candidats. C'est un vrai changement, changement qui s'affirme avec le temps et qui concerne aussi les quadragénaires et quinquagénaires. En effet, ces derniers peuvent avoir envie, au cours de leur carrière, d'apporter autre chose à l'entreprise ou à la société.

Le sens, une aspiration mondialisée

Cette évolution trouve en partie son origine dans un mouvement plus général décrit dans la théorie économique de la *purpose economy* – ou « économie du sens » –, en référence au livre de l'entrepreneur Aaron Hurst (*The Purpose Economy: How Your Desire for Impact, Personal Growth and Community is Changing the World*). Le sens devient l'un des nouveaux moteurs de l'économie mondiale. Les entreprises qui fonctionnaient sur des modèles libéraux (voire ultralibéraux), cherchant à maximiser les profits pour servir en priorité les actionnaires, se sont fait dépasser. Une prise de conscience globale a poussé les acteurs économiques à diriger une part plus importante des bénéfices vers l'innovation et les infrastructures afin de permettre à l'entreprise de continuer à grandir et à prospérer. En effet, investir dans l'innovation et l'environnement professionnel, c'est investir dans des outils qui faciliteront le travail au quotidien et qui, par conséquent, favoriseront le bien-être des salariés. Si l'entreprise ne sait pas actionner ces leviers, elle ne réussira pas à stimuler l'engagement de ses collaborateurs, engagement pourtant générateur de croissance et de performance.

 # Le candidat veut pouvoir comprendre quelle place il va occuper. Il a également besoin de situer son action et d'évaluer quelle sera sa contribution réelle.

La quête de sens se traduit par des questions de plus en plus nombreuses de la part des candidats lors de l'entretien de recrutement. Quelle est la culture de l'entreprise ? Quelles sont ses valeurs ? En quoi sert-elle la société ?

Les postulants sont attentifs aux réalisations et aux engagements sociaux de l'entreprise. Quelles causes soutient-elle ? Existe-t-il en interne des actions allant dans le sens du développement durable ou d'une meilleure égalité entre les femmes et les hommes ? Y prend-on des mesures en faveur de la non-discrimination ? Cette curiosité était moins prononcée par le passé. Les candidats s'intéressaient prioritairement au poste, aux évolutions possibles, à la rémunération et aux avantages annexes. Désormais, les valeurs de l'entreprise sont scrutées et jaugées. Les candidats se renseignent de plus en plus, à travers la « marque employeur » développée par une entreprise, sur ses valeurs, sa culture et ses missions. Il est d'ailleurs devenu aisé pour eux de s'informer, mais également de confirmer ou d'infirmer les informations obtenues lors de l'entretien. Ils se renseignent sur les réseaux sociaux et sur les sites de notation (Glassdoor, Choosemycompany.com, OurCompany, etc.), ou consultent des classements comme Great Place to Work ou encore Top Employers.

Le candidat a donc de nouvelles interrogations, mais aussi des leviers de motivation différents pour se projeter dans l'entreprise. Il est de plus en plus concerné et attentif à ce qui va le stimuler. Tout l'enjeu, très singulier par définition, est de comprendre ce qu'il considère comme « stimulant ».

Les leviers de motivation traditionnels fonctionnaient jusqu'à présent plutôt efficacement. Pour schématiser, on visait généralement un poste assez sécurisé, dans une entreprise connue et reconnue, offrant une rémunération intéressante. Aujourd'hui, les candidats se penchent sur les raisons pour lesquelles ils devraient aller travailler dans telle ou telle entreprise, sur ce qui va faire la différence. Pourquoi choisir cette société plutôt qu'une autre ? Quel type de management y pratique-t-on ? Quels outils va-t-on mettre à ma disposition pour que mon travail soit plus facile, plus efficace, plus intéressant ? Que vais-je trouver ici que je ne trouverai pas ailleurs ? Quelle va être la philosophie de l'équipe que je vais intégrer ? Quel sera l'impact de mon travail par rapport à la mission globale de l'entreprise ? De quels moyens vais-je bénéficier pour atteindre mes objectifs ?

Il est devenu fondamental pour l'entreprise de communiquer clairement sur ses objectifs, sa mission, sa stratégie et sur le rôle de chaque poste pour y contribuer. Le candidat veut pouvoir comprendre quelle place il va occuper, il a besoin de situer son action et d'évaluer quelle sera sa contribution réelle.

Une quête de sens rendue possible par un marché de l'emploi porteur

Ces douze derniers mois, les rapports de force dans le recrutement se sont inversés. D'un marché de l'emploi tendu, où il y avait peu d'offres et beaucoup de candidats, nous sommes passés à un marché où les postulants sont parfois devenus des clients. Les secteurs les plus demandeurs sont les services aux particuliers et aux entreprises, le commerce, mais aussi la construction et l'industrie. Dans ce nouveau contexte, ce ne sont plus les entreprises qui choisissent leurs candidats, mais bien l'inverse. Les nouveaux clients, ce sont les candidats. Et cela se vérifie dans la plupart des secteurs d'activité dits « en tension » : informatique, bâtiment, restauration...

Une étude de l'APEC datant de mars 2018 montre que le nombre de candidatures par offre d'emploi s'inscrit en baisse sous l'effet de l'amélioration du marché de l'emploi cadre. Entre 2014 et 2016, le nombre moyen de candidatures par offre d'emploi a reculé de 44 à 37. Ce recul concerne toutes les fonctions cadres. « Le temps où les recruteurs étaient submergés par les candidatures est révolu », note l'APEC. Plus de 20 % des offres ont suscité l'intérêt de moins de 10 candidats. Cela est encore plus notable dans les secteurs informatique (40 %), santé/social/culture (33 %) et études/R&D (26 %).

Les recruteurs voient désormais des candidats refuser des propositions d'emploi parce que le poste ne correspond pas exactement à leurs envies ou parce qu'ils manquent de visibilité sur l'ADN de l'entreprise. Malheureusement, beaucoup de sociétés n'ont pas encore pris conscience de ce revirement. Dans de nombreux corps de métier, on tarde à réaliser à quel point les candidats sont désormais exigeants et en position de force. Il ne s'agit pas d'un caprice de leur part, mais d'un besoin légitime d'accéder à des informations précises sur les entreprises qu'ils pourraient être amenés à rejoindre.

Pour schématiser, on peut dire qu'en dix ans, on est passé d'un entretien au cours duquel le candidat répondait aux questions du recruteur à un entretien au cours duquel le recruteur doit pouvoir répondre aux nombreuses questions du candidat. Mais ce renversement est plutôt sain. En effet, le travail est bien un échange équitable entre une entreprise et une personne : la première offre un cadre de travail, la seconde une force de travail.

Cette nouvelle quête a bien été lancée par les millennials, mais elle s'étend désormais à toutes les générations.

Du sens pour tous

Tout le monde est concerné par ces évolutions. On a beaucoup mis l'accent sur les millennials, cette génération née entre les années 1980 et 2000, qui maîtrise les nouvelles technologies et les réseaux sociaux, et qui est adepte du travail à distance. Mais le phénomène est beaucoup plus profond que cela.

Cette nouvelle quête a bien été lancée par les millennials, mais elle s'étend désormais à toutes les générations. Le mouvement des *slasheurs*, ces personnes qui choisissent de cumuler plusieurs emplois, est un bon révélateur de cette envie de s'épanouir dans plusieurs domaines, sans être obligé de choisir. Les *slasheurs* sont très nombreux en France. D'après une étude réalisée en 2016 par le Salon des microentreprises, ils seraient 4,5 millions, soit 16 % des actifs. Ces proportions montrent qu'il ne s'agit pas d'un effet de mode, mais bien d'un mouvement profond.

D'autant que, pour 60 % d'entre eux, il s'agit d'un choix. Ces *slasheurs* arrivent après une génération qui a eu du mal à trouver du travail, une génération pour laquelle le CDI était le graal et qui a souvent passé des décennies dans la même entreprise. Ce modèle figé et figeant, ils n'en ont plus envie. Ils constatent qu'il leur est beaucoup plus facile d'accéder aux offres d'emploi par Internet, d'entrer en contact avec les recruteurs, de travailler en free-lance, de lancer leur propre structure et même de choisir le type de contrat. Les nouvelles technologies facilitent et nourrissent ce mouvement.

Cette continuité entre générations est favorisée par la technologie et accentuée par ce changement culturel et sociétal du rapport au travail. On assiste à deux phénomènes simultanés, qui se nourrissent l'un l'autre. La transformation du rapport au travail a été rendue possible grâce aux nouvelles technologies, mais ce ne sont pas les avancées technologiques seules qui l'ont fait évoluer. Vouloir s'épanouir au travail, trouver du sens dans ce que l'on fait, ne renoncer à rien : tout ceci correspond à une évolution profonde et durable.

Cette nouvelle relation au travail change considérablement les leviers de recrutement, d'intégration, d'évolution et de rétention des talents. Nous aurons l'occasion d'en reparler dans les prochains chapitres.

En quête d'un équilibre entre vie personnelle et vie professionnelle

L'aspiration à un meilleur équilibre entre les temps de vie est forte. Les nouvelles générations souhaitent mieux concilier vie personnelle et vie professionnelle et ne veulent plus se sacrifier pour leur emploi. Elles sont avides de flexibilité horaire – les nouveaux outils technologiques permettent d'ailleurs de gagner du temps – et de travail à distance. Le présentéisme est de plus en plus mal vécu. Elles aspirent aussi à revoir l'équilibre entre le temps de travail et les activités sociales ou sociétales. Les candidats n'hésitent plus, lors des entretiens, à poser des questions sur les horaires, la charge et les conditions de travail, ou encore sur les outils technologiques mis à leur disposition. Ils sont beaucoup plus affirmés et exigeants que par le passé. Ils veulent travailler, apprendre, évoluer, faire leurs preuves, mais ne souhaitent pas attendre pour profiter de leur vie personnelle.

Néanmoins, les millennials sont souvent loin de la caricature que l'on peut faire d'eux. Ils sont prêts à s'engager à 150 % dans leur mission si leur employeur leur permet, lorsqu'ils le souhaitent, de prendre du temps pour leur vie personnelle (congé sabbatique, projet associatif, événement familial...). Cette flexibilité raisonnée entre les salariés et les entreprises est d'autant plus importante que la frontière entre vie personnelle et vie professionnelle est de plus en plus floue. C'est le phénomène de *blurring* (en anglais, *blur* signifie « flou ») qui se généralise, notamment en raison de l'omniprésence des outils numériques. En novembre 2016, une étude menée par Michael Page auprès d'une population représentative des ETAM (employés, techniciens et agents de maîtrise) et cadres a montré que ce phénomène était bien réel, puisque 75 % des Français possédant un appareil mobile professionnel indiquaient travailler pendant leur temps libre. De plus, 3 salariés sur 4 déclaraient consulter leurs e-mails ou répondre à des appels professionnels en dehors de leur temps

 # Les candidats n'hésitent plus, lors des entretiens, à poser des questions sur les horaires, la charge et les conditions de travail, ou encore sur les outils technologiques mis à leur disposition.

de travail. Cette pratique est devenue « normale » pour une majorité de cadres. L'enquête révèle également que 60 % des personnes interrogées se connectent à distance en raison de leurs responsabilités, tandis que 22 % se connectent par crainte d'être jugés peu disponibles, et 18 % afin de se rassurer. Même les vacances sont impactées, puisque 48 % des sondés affirment travailler durant ces périodes. La loi travail, entrée en vigueur le 1er janvier 2017, cherche, par le droit à la déconnexion, à mieux délimiter vie privée et vie professionnelle, et à éviter ainsi une connexion permanente pouvant être génératrice de fatigue et de stress. Il est important que les entreprises s'emparent de ces sujets et accompagnent la flexibilité. Il est crucial d'aider les salariés à fixer les limites de l'utilisation de leurs outils professionnels dans leur cadre privé.

DE NOUVELLES FORMES DE TRAVAIL

Les nouvelles méthodes (*home office*, télétravail, tiers-lieux...)

La technologie a bouleversé les façons de travailler. Elle a facilité l'accès à l'information et donné aux entreprises la possibilité d'offrir une certaine mobilité physique à ses salariés. La culture du travail nomade s'est largement démocratisée ces dernières années. Il est désormais possible de travailler n'importe où et à n'importe quel moment.

Les nouvelles technologies permettent de gommer les unités de lieu et de temps. On peut, grâce à un smartphone, accéder aux informations dont on a besoin pour travailler, et ce quels que soient l'endroit (domicile, café, espace de coworking...) et l'heure. En cas d'obligation personnelle, un salarié peut partir plus tôt de son bureau et finir son travail chez lui, en utilisant, par exemple, un ordinateur portable. Sur un chantier BTP, le conducteur de travaux peut désormais faire son compte rendu en direct, grâce à une application. De même, dans le secteur des services à la personne, l'auxiliaire de vie peut, en utilisant un simple badge, signaler qu'il a rendu visite à telle ou telle personne et qu'il a effectué tel ou tel soin. Les exemples ne manquent pas. Le développement d'applications favorisant le travail en mobilité permet aujourd'hui d'éviter de nombreux déplacements et de gagner en productivité. C'est donc pour toutes ces raisons que la question des outils mis à disposition des salariés est capitale.

Le télétravail – que l'on appelle aujourd'hui communément *home office* – est en plein essor. L'ordonnance du 22 septembre 2017 a donné à ce mode d'organisation – de plus en plus recherché par les collaborateurs – un nouveau cadre juridique, plus souple et favorisant son développement. Selon le dernier baromètre Actineo sur la qualité de vie au bureau, 28 % des actifs exerçant dans un bureau travaillent régulièrement de façon nomade : domicile, lieux publics (transports, restaurants...), autres locaux appartenant à l'entreprise, etc. De plus en plus de postes ouverts au télétravail sont désormais proposés, ce qui n'était pas le cas il y a encore quelques années. De plus, des plateformes de recrutement, telles que House of Cadres ou FlexJob, ont choisi de se concentrer sur ces nouvelles formes de travail (travail à distance, coworking, télétravail...).

Il est temps de repenser le système afin de mieux sécuriser les nouvelles formes de contrat qui répondent à la fois à de réelles aspirations et à un besoin de la part des entreprises.

Les tiers-lieux ont également explosé. Les collaborateurs peuvent se tourner vers l'extérieur et ne plus se limiter à leur espace de travail habituel.

De plus en plus de grandes entreprises, à l'instar de la Société générale ou de Deloitte, s'intéressent à ces nouvelles façons d'exercer, soit en proposant des espaces pour accueillir des collaborateurs d'autres entreprises, soit en envoyant leurs propres collaborateurs travailler à l'extérieur. LinkedIn et BlaBlaCar reçoivent ainsi régulièrement des salariés extérieurs. Cela permet de créer une dynamique d'ouverture et de création, et contribue à donner une image positive. L'impact est également important en matière de marque employeur ou encore d'innovation sociale et managériale. Se développent aussi des applications permettant de trouver facilement un espace de travail au sein d'une autre entreprise. Parmi elles, on peut citer Hub-Grade, une start-up lyonnaise qui facilite la mise en relation par la diffusion d'annonces de location de bureaux, postes et espaces de travail.

Cette mobilité doit bien évidemment être encadrée. En effet, il ne s'agit pas d'offrir davantage de flexibilité ou d'outils technologiques pour travailler plus, mais pour travailler mieux. Il n'est pas question d'obliger les gens à travailler de chez eux, partout, tout le temps, et de risquer de provoquer des états d'épuisement. Il est de la responsabilité des entreprises d'éviter les dérives et les excès, grâce à des chartes de bonne utilisation et de droit à la déconnexion. Pour les DRH, l'enjeu est de trouver le bon dosage entre flexibilité, mobilité et équilibre des temps de vie, équilibre auquel les nouveaux candidats sont extrêmement attachés.

Mais, pour se projeter dans l'entreprise, le postulant a besoin de savoir avec quels outils il travaillera et quelle expérience il s'apprête à vivre. Là encore, il ne s'agit pas de lui « vendre » n'importe quoi.

Les nouveaux statuts

Même si le CDI classique reste majoritaire, de nouvelles formes d'emploi ne cessent de se développer : portage salarial, free-lance, autoentrepreneuriat, management de transition, travail à temps partagé, pluriactivité… Ces nouvelles formes sont plébiscitées aussi bien par les candidats que par les entreprises et nous constatons leur développement au quotidien en tant que recruteurs. Ce développement est rendu possible par la diffusion de nouvelles technologies et la baisse de certaines barrières administratives ou légales.

Par ailleurs, on note une porosité plus grande des statuts : on n'hésite plus à passer d'une forme d'emploi à une autre ou d'un statut à un autre.

Il est temps de repenser le système afin de mieux sécuriser les nouvelles formes de contrat qui répondent à la fois à de réelles aspirations et à un besoin de la part des entreprises. C'est une condition *sine qua non* de la libéralisation du marché du travail. Si le CDI classique continue à attirer autant, ce n'est pas tant pour le contrat lui-même que pour tout ce qu'il offre en matière d'accès au logement, de crédit ou de protection sociale. L'intérim est un statut très protecteur, mais il n'en est pas de même pour le statut de travailleur indépendant. Selon une étude réalisée par la plateforme Malt (anciennement Hopwork), le nombre de free-lances ou de travailleurs indépendants exerçant en France a triplé en seulement dix ans. Le travail indépendant représente aujourd'hui 11,5 % de l'emploi au sein de l'Hexagone. Les entreprises sont de plus en plus nombreuses à faire appel à eux, à l'instar de 60 % des sociétés du CAC 40. Aux États-Unis, ce sont près de 40 % des travailleurs qui sont maintenant indépendants.

On voit fleurir des plateformes de mise en relation entre entreprises et free-lances. Certaines d'entre elles essaient de traiter le sujet de la sécurisation : régularité au niveau du paiement des factures et de l'activité de leurs membres, partage de projets entre free-lances...

Par ailleurs, les entreprises souhaitent de plus en plus faire appel à des candidats en mode projet et travailler avec des indépendants ou des managers de transition.

Le management de transition a le vent en poupe et permet de belles carrières. Il concerne les profils ayant une expertise très particulière, notamment dans les domaines suivants : informatique, finance, marketing ou encore ressources humaines. Des candidats également prisés des entreprises dans le cadre d'une réorganisation ou d'une transformation digitale. C'est une vraie tendance de fond depuis près de cinq ans : l'intérêt de la mission devient plus important que la forme du contrat de travail. Cela concerne surtout les profils pénuriques, qui ont souvent le choix de leurs missions. Selon le dernier baromètre réalisé par la Fédération nationale du management de transition (FNMT), le chiffre d'affaires généré sur l'année 2017 (affaires en cours et nouvelles affaires) a connu une – spectaculaire – progression de 27 % (par rapport à l'année 2016). La conduite de projet et la gestion du changement représentent 61 % des missions réalisées.

Le statut d'autoentrepreneur (ou de microentrepreneur) permet également de cumuler plusieurs emplois : par exemple, un emploi « alimentaire » et un autre correspondant à ce que l'on aime (profession artistique...). Ce statut donne aussi la possibilité de tester la viabilité d'un projet (start-up, reconversion...). Les personnes qui choisissent cette voie envisagent souvent leur trajectoire professionnelle de façon assez court-termiste. Elles ne se projettent pas à dix ou quinze ans. Ce qui les motive est l'envie de tenter quelque chose ici et maintenant, et non de se construire une « carrière ». D'où l'importance pour les recruteurs d'identifier régulièrement leurs leviers de motivation, leviers qui évoluent en permanence. Les envies fluctuent au gré des expériences. Il est ici question de candidats ayant la capacité de changer d'environnement, de cadre, et d'élargir le périmètre de leurs activités.

 # Les entreprises souhaitent de plus en plus faire appel à des candidats en mode projet et travailler avec des indépendants ou des managers de transition.

Enfin, on constate que de plus en plus de jeunes diplômés sont prêts à se lancer dans l'entrepreneuriat. Auparavant, ils rêvaient de faire leurs armes dans de grandes entreprises ou dans de prestigieux cabinets de conseil. C'est toujours le cas, mais certains préfèrent créer leur start-up dès la sortie d'école. Cet engouement pour l'entrepreneuriat se retrouve également chez des salariés ayant une vingtaine d'années d'expérience. Jeunes comme moins jeunes aspirent tous à se lancer dans un projet personnel où ils pourront apporter leur vision et leur valeur ajoutée. C'est une tendance qui n'existait pas en France il y a encore deux décennies. La culture de l'entrepreneuriat a profondément évolué ces dix dernières années. Les réussites extrêmement médiatisées des start-ups grand public du numérique et des entreprises de technologie y sont pour beaucoup. Meetic, Sarenza, Criteo, BlaBlaCar, PriceMinister-Rakuten, Vente-privee.com ou encore Free sont autant de success-stories suscitant des vocations et dont les médias sont friands.

Depuis quelques années, les dispositifs publics et privés qui visent à encourager l'entrepreneuriat se multiplient, notamment auprès des jeunes. Différentes études montrent en effet que plus on est jeune, plus on a une vision positive de l'entrepreneuriat. Cela renvoie à l'envie d'indépendance et de liberté, et au goût pour les nouvelles technologies des nouvelles générations. Dans les écoles de commerce, le nombre de jeunes qui suivent des filières « entrepreneuriat » est beaucoup plus important que par le passé. Par ailleurs, ils sont de plus en plus nombreux à créer une entreprise pendant leurs études ou dès l'obtention du diplôme. Depuis 2014, il existe un statut d'étudiant entrepreneur, statut qui offre un certain nombre de facilités.

Près d'un millennial sur deux (43 %) songe à quitter son entreprise actuelle dans les deux prochaines années.

L'enjeu pour les pouvoirs publics est de maintenir cette diversité des contrats et des statuts en protégeant mieux le travailleur. Quel que soit le type de contrat, les personnes devraient avoir les mêmes droits. C'est tout un système à revoir, une flexisécurité à inventer.

Les nouvelles trajectoires professionnelles

Désormais, les candidats ne se projettent plus à dix ans. S'ils veulent toujours pouvoir évoluer, les plans de carrière tout tracés et figés ne les intéressent plus. Ils accordent une attention particulière à ce qu'ils ont à l'instant présent. Certes, il est rassurant pour eux de savoir que par exemple une carrière à l'international est envisageable, qu'il y a des filiales vers lesquelles ils pourront évoluer ou qu'ils auront l'opportunité de progresser vers d'autres postes. Mais de telles perspectives ne sont plus décisives dans leur choix car beaucoup savent qu'ils ne resteront pas dix ou quinze ans dans la même structure. Les salariés sont de plus en plus volatils.

Selon l'édition 2018 de l'enquête « Millennial Survey » du cabinet Deloitte, près d'un millennial sur deux (43 %) songe à quitter son entreprise actuelle dans les deux prochaines années.

Ces nouvelles trajectoires professionnelles, moins linéaires, sont davantage marquées chez les jeunes diplômés. Une fois leur mission achevée, ils aspirent à passer à autre chose. Le rôle des DRH est de s'assurer que l'entreprise les fait progresser et alimente leur besoin de nouveauté. Il leur faut réfléchir en permanence aux leviers d'engagement au travail afin de retenir les meilleurs talents. Il y a encore quelques années, il était beaucoup moins fréquent de changer de trajectoire, de poste, de se réorienter. Il y a là un vrai enjeu de fidélisation des talents.

Comment nourrir ces différentes trajectoires ? Comment être certain que les collaborateurs auront la possibilité de changer de mission ou de poste au sein de l'entreprise ? Il s'agit désormais de les amener sur différentes missions, sans forcément leur proposer un autre poste tous les deux ou trois ans, selon un plan de carrière très formel. On peut ainsi confier au salarié une nouvelle mission en plus de son poste, ou lui donner un rôle transversal. L'important est de bien comprendre l'évolution des motivations du salarié pour lui proposer un projet adapté et nourrir son engagement. C'est de cette façon que l'entreprise retiendra ses talents. De plus en plus de dirigeants comprennent l'importance d'une bonne politique de ressources humaines, mais le chemin est encore long.

Dans ces nouvelles trajectoires professionnelles composées d'expériences successives et/ou simultanées, un phénomène déjà bien connu aux États-Unis se développe en France : celui des « salariés boomerang ». Ce sont des salariés qui, après avoir quitté un certain temps une entreprise, y reviennent, heureux d'avoir vécu d'autres expériences, d'avoir relevé de nouveaux défis, et tout aussi heureux de retrouver une culture d'entreprise et un mode de fonctionnement qu'ils connaissent déjà. Parfois, ils renouent des liens avec leur ancien employeur en tant que free-lance. La problématique des DRH est alors d'apprendre à animer un nouveau collectif, plus large et plus mouvant, avec des frontières poreuses. Comment maintenir le contact avec des personnes avec lesquelles on a bien travaillé et avec lesquelles il y a eu un engagement fort ? Certaines entreprises vont même jusqu'à créer des groupes d'anciens salariés. Sur LinkedIn, on voit ainsi fleurir des groupes dédiés, à l'instar de L'Oréal Alumni Association ou de Procter & Gamble Alumni France.

 # De plus en plus de salariés prennent des risques pour changer d'orientation professionnelle ou de métier.

Autre tendance significative : la reconversion professionnelle. De plus en plus de salariés prennent des risques pour changer d'orientation professionnelle ou de métier. Ce phénomène touche toutes les tranches d'âge. Selon une étude de l'APEC publiée en 2015, 14 % des jeunes de niveau bac + 5 sortis en 2013 ont changé d'orientation dans les deux années qui ont suivi l'obtention de leur diplôme. La question du développement des passerelles et de la fluidité des parcours professionnels est un réel sujet.

2

UNE ENTREPRISE EN PLEINE TRANSFORMATION

Le modèle pyramidal de l'entreprise d'hier ne convient plus. Les organisations verticales, en silos, sont dépassées. Depuis quelques années déjà, l'enjeu est de casser ces différentes unités, d'introduire plus d'horizontalité. Il est question de libérer les entreprises (cf. l'ouvrage *L'Entreprise libérée* d'Isaac Getz, Fayard, 2017), de faire en sorte que les salariés travaillent de façon plus coordonnée et de favoriser le mode projet. L'entreprise a besoin d'une intelligence collective et d'une perpétuelle innovation. Et c'est aussi ce qu'attendent les collaborateurs. En effet, on constate un décalage croissant entre les attentes des salariés et le fonctionnement des entreprises, décalage qui se manifeste de différentes façons : désengagement au travail, turnover croissant, difficulté de management des jeunes générations, etc. Se pose ainsi la question de la capacité des entreprises à adopter de nouveaux modèles de management et d'organisation.

PLUS DE COLLABORATION(S)

La performance globale des entreprises de demain passe par une organisation du travail plus agile, plus réactive, favorisant la coopération entre les collaborateurs, l'autonomie et la responsabilisation. La technologie permet et facilite cette nouvelle façon de travailler. Les entreprises ont développé un certain nombre d'outils collaboratifs afin que les salariés puissent échanger sur différents sujets. Au lieu d'un intranet figé, elles ont adopté des portails d'échange et des réseaux sociaux internes : gain de temps et de productivité, diminution du nombre d'e-mails, meilleur accès à l'information…

Le travail collaboratif est synonyme de plus d'efficacité. Grâce à la technologie, des équipes de différents pays sont ainsi capables de travailler ensemble, malgré l'éloignement et des cultures différentes. Cela favorise de meilleures pratiques tout en permettant de renforcer le collectif et de donner plus de sens au travail.

Les évolutions technologiques ont un effet libérateur et participent activement à la transformation des entreprises. Ces changements – voire disruptions – modifient les organisations. En rendant l'information accessible à tous, en introduisant cette rupture du lieu et du temps, le travail évolue nécessairement. De plus, le changement du rapport au travail fait que les salariés veulent avoir accès à la stratégie de l'entreprise, à ses objectifs. Ils ont besoin de cette visibilité et de cette transparence. Ils veulent avoir un objectif et savoir ce qu'ils peuvent faire pour contribuer à la performance globale. L'entreprise doit donc repenser son organisation et son fonctionnement. Comment doit-elle réorganiser

D'après les estimations de l'Organisation de coopération et de développement économiques (OCDE), 10 à 20 % des emplois disparaîtront dans les dix ans sous l'effet des mutations technologiques et 50 % seront profondément transformés, tandis que 10 à 20 % d'emplois nouveaux apparaîtront.

le travail ? Comment doit-elle se transformer ? Comment s'adapter aux changements imposés par la transformation numérique ?

Cela nécessite de la part des dirigeants un courage politique très fort, car ils doivent redistribuer les périmètres d'activité et de pouvoir. Les anciennes *business units* sont à réinventer. À leur place, des divisions aux lignes plus floues, avec des équipes travaillant ensemble, en bonne intelligence. C'est à la fois compliqué à mettre en place et difficile à faire accepter. Il devient également nécessaire d'équiper ses salariés en outils collaboratifs. Si l'entreprise ne le fait pas, ses concurrents le feront, et elle sera moins attractive et moins productive. Ces outils permettent de gagner en productivité, en rendant les tâches chronophages plus rapides et plus simples. On crée donc plus de valeur, plus de croissance. La technologie doit être mise au service de l'humain. Elle vise à favoriser et à fluidifier les échanges, les rencontres.

Les entreprises réfléchissent désormais à la meilleure façon de gérer et d'entretenir le collectif. La problématique se pose aussi bien pour les start-ups, à croissance rapide que pour les grandes entreprises traditionnelles. Comment préserver leur identité ? Comment redéfinir la culture de l'entreprise pour que les candidats aient envie de se projeter et de venir y travailler ? Comment communiquer cet état d'esprit aux nouveaux entrants ?

Xavier d'Aumale, ancien responsable talents chez BlaBlaCar, expliquait dans *Les Échos* que, face à des effectifs sans cesse croissants, il était essentiel que le collectif reste créatif, spontané, autonome, et que des process viennent maintenir une cohérence de gestion des équipes. Son défi : structurer des outils et méthodes RH tout en conservant l'agilité caractéristique de l'entreprise, établir un cadre tout en restant le plus informel possible.

L'entreprise d'aujourd'hui est une organisation en mouvement, car de nouveaux métiers et de nouvelles activités apparaissent sans cesse. D'après les estimations de l'Organisation de coopération et de développement économiques (OCDE), 10 à 20% des emplois disparaîtront dans les dix ans sous l'effet des mutations technologiques et 50% seront profondément transformés, tandis que 10 à 20% d'emplois nouveaux apparaîtront. D'où un besoin constant de transformation et une nécessité d'adopter des technologies susceptibles d'évoluer. Parallèlement, les entreprises doivent encourager leurs employés à se former en permanence pour s'adapter et être plus agiles face au changement.

PLUS DE CAPITAINES

Dans cette organisation plus horizontale, la mission du manager est d'être capable d'accompagner les collaborateurs de façon plus fédératrice, autour d'une mission commune. Il est essentiel de recruter des managers ou des dirigeants ayant cette capacité à mettre le collectif en mouvement, avec une vision partagée. Les managers doivent devenir des facilitateurs.

En tant que « capitaines » des équipes ou dirigeants de l'entreprise, ils montrent la voie pour faire en sorte que leurs collaborateurs soient de vrais acteurs. C'est la fin du patron « à l'ancienne », qui dit quoi faire et qui donne l'ordre de le faire. Le taylorisme reposait sur la déconnexion entre la pensée et l'exécution ; il y avait d'un côté ceux qui pensaient le travail et, de l'autre, ceux qui l'exécutaient. Cela ne fonctionne plus ainsi : le manager doit être capable de rendre ses collaborateurs acteurs de leur mission pour atteindre leurs objectifs. Il doit être le plus inclusif possible dans son approche managériale. Quand il recrute, il lui faut rechercher davantage de diversité dans les profils, et une diversité pas seulement liée à l'origine ethnique ou à l'âge, mais aussi aux parcours professionnels. Cette diversité stimule les équipes et facilite l'atteinte des objectifs. Elle est source de performance.

Et, plus que tout, il faut, à la tête des entreprises, des dirigeants qui montrent l'exemple. Il ne suffit pas que l'entreprise annonce qu'elle prend soin de ses collaborateurs, qu'elle porte de belles valeurs ; il faut que cela soit incarné au plus haut niveau.

Les dirigeants prennent petit à petit conscience de l'importance de travailler sur cette cohérence entre les discours et les actes. Est-ce que l'on porte ces messages au quotidien, ou est-ce seulement de l'affichage, de la communication ? Ce qui est certain, c'est que les DRH ne peuvent pas remplir seuls cette lourde mission.

La capacité des entreprises à changer, à se transformer, à incarner au quotidien les valeurs qu'elles mettent en avant permettra d'attirer et de retenir ces nouveaux candidats.

3

LE MODÈLE TRADITIONNEL DE RECRUTEMENT N'EST PLUS EFFICIENT

« Les procédures traditionnelles de recrutement reposant sur le CV, la lettre de motivation et les annonces ne suffisent plus. La baisse sensible du taux de retour et de la qualité des retours sur les annonces postées en est un indice révélateur.

LA FIN D'UN MODÈLE

Le CV et les annonces classiques ne font plus recette

Pendant longtemps, les procédures centrées sur le CV ont été efficaces pour évaluer les compétences techniques (les *hard skills*) et le savoir-faire. Mais elles ont montré leurs limites concernant l'évaluation des compétences comportementales et transversales. Or, toutes les études le montrent, les compétences humaines (ou *soft skills*) sont de plus en plus recherchées.

Le CV est efficace lorsqu'il est question des expériences passées et des réalisations, mais il ne permet pas d'identifier le comportement ou les aptitudes. Il donne la possibilité d'évaluer si un candidat possède les compétences techniques correspondant à un poste, ce qu'il faudra vérifier, mais pas de prévoir s'il s'intégrera bien dans une équipe ou s'il s'adaptera à la culture de l'entreprise. Malgré cela, par habitude ou par culture, le CV traditionnel continue d'être un outil extrêmement prisé car il rassure les dirigeants.

Se limiter au CV, c'est pourtant prendre le risque de toujours sélectionner les mêmes profils et de passer à côté de candidats de grande valeur. En effet, le CV seul ne permet ni de repérer ni de révéler nombre de talents ou de personnalités. Malheureusement, la plupart des entreprises continuent sur cette voie, avec des résultats beaucoup moins probants qu'avant.

De plus en plus de sociétés rencontrent des difficultés à recevoir des candidatures. Dans de nombreux secteurs d'activité ou métiers, c'est désormais à elles d'aller chercher les candidats. Il est donc temps de réinventer la façon de recruter et de passer outre les résistances au changement. Comment faire pour sélectionner autrement que sur le seul CV? Quels moyens ou outils utiliser pour faire émerger des profils et des parcours différents?

De nouvelles façons de sélectionner et de recruter, plus seulement assujetties au CV, sont mises en place progressivement. Pôle emploi et l'APEC ont ouvert la voie avec la méthode de recrutement par simulation (MRS) ou le recrutement sans CV (expérimenté par l'APEC en 2009). Dans l'offre d'emploi, à la place de la fameuse partie «Profil recherché» et du sacro-saint CV, le candidat se voyait proposer de répondre à une vingtaine de questions de mise en situation, élaborées par l'entreprise en fonction du poste visé. Ainsi, Auchan s'est par exemple vu recruter des chefs de rayon ayant un profil littéraire, chefs de rayon qui n'auraient jamais postulé si un CV avait été exigé.

 # Pour certains profils, la mission de l'entreprise est parfois plus importante que le travail proposé.

Certaines entreprises organisent des entretiens vidéo, des jeux de rôle, des concours, des exercices de simulation ou encore des «vis ma vie de...» pour faire ressortir le potentiel des candidats. Cela nécessite un important changement de mentalité et d'approche: il s'agit bien de dépasser les méthodes traditionnelles.

C'est aussi la fin du modèle des annonces impersonnelles. Aujourd'hui, on cherche, à travers le texte et la présentation, à se singulariser. Lorsque le candidat lit une annonce, il faut qu'il puisse se projeter dans le poste. Elle doit donc être différente. Inutile de la rédiger en 50 lignes: mieux vaut être impactant, stratégique. Pour qu'une annonce bénéficie d'une certaine visibilité, il faut la rendre attractive. Le ton est également important. Un peu de légèreté et d'humour sont désormais les bienvenus. On voit apparaître sur

LinkedIn des annonces décalées, très différentes d'une offre austère, du type « Recherche bac + 3, 5 ans d'expérience ». L'entreprise doit utiliser l'offre d'emploi pour délivrer un certain nombre d'informations clés, essentielles aux yeux des candidats : qui est-elle ? Que fait-elle ? Comment le fait-elle ? Que propose-t-elle ? Les annonces doivent donner envie de postuler.

Il ne suffit plus de piocher dans un vivier de CV. Si cela continue à fonctionner pour certains postes, pour d'autres il faut une approche radicalement différente. En informatique par exemple, poster une annonce ne suffit plus pour recevoir des candidatures. Il faut parler le même langage que les développeurs, aller sur les blogs, les forums, les interpeller, comprendre leur communauté et leurs habitudes.

On ne peut plus se contenter de recopier ou réutiliser ses annonces comme cela a pu être le cas par le passé. Il est devenu nécessaire d'adapter son discours et son offre au profil que l'on cherche à recruter, de parler selon les codes des candidats que l'on souhaite recruter. Pour certains profils, la mission de l'entreprise est parfois plus importante que le travail proposé. Les sociétés doivent prendre conscience de ces nouvelles attentes. Elles doivent également être conscientes du fait que les candidats se renseignent sur Internet ou sur les réseaux sociaux pour savoir si elles sont recommandées ou pour en apprendre un peu plus sur leur fonctionnement. L'offre d'emploi doit donc être adaptée à la singularité et à l'ADN de l'entreprise.

Rappelons qu'aujourd'hui, les candidats peuvent bien souvent choisir parmi un nombre important d'offres disponibles. La mobilité est plus simple, les freins pour quitter son emploi plus faibles, la « chasse » plus importante. Cela se vérifie particulièrement dans le secteur tertiaire et sur le marché des cadres mais pas seulement. Il devient donc impératif de s'appuyer sur les éléments différenciants et singuliers de l'entreprise.

Travailler sur la marque employeur n'est plus suffisant

Les candidats ne se satisfont plus d'une offre égrenant une liste de tâches à effectuer, car ces tâches sont les mêmes d'une entreprise à une autre. Et pourtant, travailler dans une entreprise plutôt que dans une autre sera forcément différent. Le candidat attend qu'on lui fournisse ces éléments de différenciation.

Ces dernières années, les DRH ont énormément structuré leur marque employeur, en faisant notamment des efforts pour montrer ce que signifiait le fait d'intégrer leur entreprise. Ils ont formalisé les politiques d'évolution, de formation et de flexibilité et adapté les espaces de travail. Ils ont milité pour plus de diversité, mais aussi pour une progression de l'égalité salariale entre les femmes et les hommes. Ils ont également réfléchi à la façon de formaliser le « sens », les valeurs et ont créé des sites « carrière » attractifs. Cependant, bien souvent, cela ne suffit pas ou plus. Les créations d'emplois sont au beau fixe et les candidats veulent choisir.

Si ce travail sur la marque employeur pouvait aider à lever les freins chez les candidats hésitants il y a encore quelques années, il faut maintenant aller encore plus loin. En effet, ces derniers sont de plus en plus exigeants. Les profils qualifiés savent qu'ils peuvent travailler pour plusieurs entreprises. Il ne suffit plus de dire au candidat de jeter un coup d'œil à la page « carrière » de l'entreprise. Il faut du concret, des détails très précis, montrer ce que l'on ressent de l'intérieur, les outils à disposition, les méthodes de travail et le style de management, le modèle organisationnel...

On demande aux entreprises un véritable changement culturel dans la façon de recruter. On attend d'elles qu'elles soient transparentes ; il faut donc un engagement fort de leur part.

DONNER DU TRAVAIL ET DU SENS

Recruter et penser autrement

Les services RH ne peuvent plus se contenter des méthodes traditionnelles de recrutement : le fait de toujours choisir les élèves d'une même école ou de sélectionner uniquement des candidats ayant telle formation ou telle expérience n'est plus efficient. Un grand nombre d'entre eux l'ont compris et ont déjà amorcé leur transformation.

L'heure est à l'approche directe. Le recruteur doit comprendre les leviers de motivation des candidats potentiels. C'est une démarche plus globale que de se limiter aux trois dernières expériences ou au niveau d'études. Chez PageGroup, la formation initiale n'est pas ce qui importe le plus. On s'attache bien davantage à la réalité de ce qu'ont fait les professionnels qui souhaitent postuler, à ce qu'en disent leurs référents, à leur personnalité. Au recruteur de bien identifier ce que recherche l'entreprise, en fonction du contexte et des valeurs. Les sociétés ont encore beaucoup de mal à expliquer ce que signifie concrètement le fait de travailler pour elles. Elles doivent être capables de se « vendre » : « Voilà, au sein de notre entreprise, ce que le travail représente au quotidien », « voici les raisons pour lesquelles les gens restent », « voilà ce que les gens disent de nous », « voici un contact avec lequel vous pouvez "échanger" si vous souhaitez en savoir plus ». On est vraiment dans la fin de l'uniformisation des modèles ; on se dirige vers la singularité, presque le sur-mesure.

La direction des ressources humaines doit aider les opérationnels à prendre conscience de l'importance de délivrer des informations claires sur l'entreprise et sur les missions lorsqu'ils rencontrent des candidats. Il s'agit de les « éduquer » à recevoir des postulants afin que ceux-ci vivent une expérience positive. Ils doivent être à même de répondre à leurs interrogations : avec quels outils vais-je travailler ? Quelle est l'ambiance dans l'équipe ? Quelle est la stratégie de l'entreprise ? Quelles sont ses valeurs ? Quel est le niveau de transformation digitale et organisationnelle de l'entreprise ? Actuellement, ils n'ont pas assez ce réflexe.

L'idée de donner du sens à l'action de la personne qui va être recrutée n'est pas encore une démarche naturelle. Beaucoup d'opérationnels continuent à penser que c'est l'entreprise qui offre un travail, et n'ont pas intégré le fait que c'est aussi le salarié qui propose sa force de travail. Pourtant, ce n'est plus seulement au candidat de se vendre, mais également à l'entreprise. Pour cela, cette dernière doit être en mesure d'expliquer sa raison d'être, ses missions, ses objectifs et ce qui fait sa différence. Elle doit également être très concrète en ce qui concerne la réalité du travail au quotidien (les outils utilisés, le type de management, la flexibilité des horaires, la gestion de l'équilibre vie personnelle/vie professionnelle, l'environnement de travail...).

Cette formalisation du « sens » est réalisée de façon encore inégale, et ce quelle que soit la taille de l'entreprise. Pourtant, le contenu de la marque employeur est loin d'être anodin. Le rôle des DRH est ici capital : ils doivent expliquer le « pourquoi » des choix stratégiques de l'entreprise, montrer l'impact de chacun pour stimuler leur motivation.

Une étude miroir de Monster/Ifop (sortie en 2017) portant sur la perception d'une offre d'emploi « classique » par les recruteurs et les candidats montrait une différence de perception de 20 points. Pour les candidats, une telle offre ne leur permettait pas de se projeter. Elle ne leur donnait pas envie de postuler. Les offres d'emploi doivent donc être beaucoup plus personnalisées.

« L'emploi est mort, vive le travail. »

Le philosophe Bernard Stiegler le soulignait à juste titre en 2014 : « Le travail, c'est ce qui fait que l'on se développe en accomplissant une activité qui nous tient à cœur. L'emploi, ce n'est que ce qui nous permet de gagner un salaire. » Le candidat s'interroge : Pourquoi devrais-je, en tant que consommateur ou candidat, acheter tel produit ou travailler pour telle entreprise ? Or ce « pourquoi » est directement lié à la quête du sens. Lorsqu'une entreprise n'est pas capable de formaliser le sens, elle passe à côté de l'expression de sa propre identité : le candidat ne peut pas se projeter et ne sait pas s'il a envie de participer à la mission.

On voit bien qu'avec la multiplication des statuts, des contrats, des missions, ce qui compte en définitive, c'est bien le travail, les objectifs proposés, le chemin à emprunter et ce à quoi le travailleur va pouvoir contribuer. La stimulation se situe ici, et non dans le fait de signer un CDI.

« Le travail, c'est ce qui fait que l'on se développe en accomplissant une activité qui nous tient à cœur. L'emploi, ce n'est que ce qui nous permet de gagner un salaire. »

Le défi est de faire entrer le recrutement de plain-pied dans cette économie du « sens ». Mais si les entreprises travaillent individuellement sur leur marque employeur et dévoilent leur singularité, elles n'arrivent pas encore à utiliser tout cela au sein même du processus de recrutement. La vitrine est importante, mais insuffisante. Il faut aller plus loin.

Chapitre II

L'« OPEN RECRUTEMENT » : UNE STRATÉGIE D'AVENIR

Pour mettre en adéquation l'entreprise et ces nouveaux candidats, il faut inventer des méthodes de recrutement s'appuyant sur une stratégie d'ouverture : c'est ce que nous appellerons l'« open recrutement ». Il s'agit d'élargir le recrutement aussi bien au niveau de la présélection des candidats que des compétences recherchées. En effet, les compétences techniques ou « métier » (*hard skills*) ne suffisent plus ; les compétences comportementales (*soft skills*) prennent une place de plus en plus importante.

Une stratégie d'ouverture implique de ne pas se limiter à trouver de bons candidats ; il faut également faire en sorte qu'ils soient en mesure de réussir leur mission au sein de la société. Cela suppose d'anticiper leur capacité d'adaptation et d'épanouissement dans la fonction, dans l'équipe et dans l'entreprise. Au-delà des compétences techniques et comportementales, il faut aussi chercher à recruter une personne en phase avec les valeurs de la société, valeurs construites au fil du temps et bien identifiées. La phase d'intégration (période d'*onboarding*) doit être particulièrement bien suivie. Finaliser un recrutement, c'est bien ; sécuriser l'intégration et soigner le suivi, c'est mieux. L'enjeu de la fidélisation est ainsi devenu stratégique, d'où l'importance de l'expérience salariée une fois l'expérience candidat achevée.

1

ÉLARGIR LE CHAMP DES COMPÉTENCES

“L’enjeu n’est plus tant de recruter des profils que des potentiels. Les recruteurs doivent davantage s’attacher à la personnalité et au potentiel du candidat qu’à son seul diplôme ou à ses expériences passées. Le savoir-être et la motivation sont désormais des éléments clés dans le cadre du recrutement.

RECRUTER DES POTENTIELS, ET NON PLUS SEULEMENT DES PROFILS : LA RÉVOLUTION DES *SOFT SKILLS*

Le cursus, le savoir-faire et les compétences techniques restent essentiels dans l'occupation d'une fonction mais sont désormais insuffisants. Il faut de plus en plus tenir compte de la personnalité du candidat et de sa capacité à se mettre en adéquation avec les valeurs de l'entreprise et de l'équipe qu'il va rejoindre. La personnalité englobe les comportements (comment la personne agit-elle dans une situation donnée ?), les leviers de motivation (qu'est-ce qui la motive, pour quelles raisons souhaite-t-elle se lancer dans ce projet, intégrer ce secteur d'activité ou cette entreprise ?) et les aptitudes professionnelles. Il est important de préciser que seules les compétences comportementales ayant un impact du point de vue professionnel doivent être évaluées dans le cadre d'un recrutement. Il ne s'agit pas d'appréhender tous les traits de la personnalité d'un candidat, considérant que certains relèvent purement de sa vie personnelle. De fait, si la notion de test de « personnalité » fait parfois débat, ce que l'on cherche à évaluer en réalité, ce sont bien les compétences professionnelles.

Élargir le champ des compétences suppose également de sortir des profils formatés et standardisés, et de recruter des personnes ayant un parcours moins conventionnel ou étant issues de formations différentes.

Un rapport du Forum économique mondial, intitulé « New Vision for Education – Unlocking the Potential of Technology », met en évidence un socle de 16 compétences critiques pour le XXIe siècle ; 10 sont liées aux *soft skills*. Les compétences cognitives et comportementales suscitent de plus en plus d'intérêt au sein des entreprises. Quatre des compétences faisant partie des *soft skills* touchent à la manière dont les collaborateurs affrontent les problèmes ou les challenges complexes : la pensée critique, la créativité, la collaboration et la communication. On retrouve également d'autres compétences, qui sont davantage de l'ordre de la personnalité et qui permettent de répondre aux environnements changeants : la curiosité, l'abnégation, l'adaptabilité, le leadership ou encore l'intelligence dite « multiculturelle » dans un contexte mondialisé.

Top 10 des compétences à posséder en 2020

1. Capacité à résoudre des problèmes complexes
2. Esprit critique
3. Créativité
4. Management
5. Esprit d'équipe
6. Intelligence émotionnelle
7. Jugement et prise de décisions
8. Sens du service
9. Négociation
10. Flexibilité

(Source : Forum économique mondial.)

Pour Jérémy Lamri, cofondateur du Lab RH, établissant une correspondance entre la personnalité des candidats et les fonctions, « le cognitif va bouleverser le recrutement.

Demain, on recrutera les personnes sur leurs aptitudes cognitives, c'est-à-dire leur capacité à traiter, comprendre et interpréter leur environnement de travail, mais également à évoluer».

Preuve que les mentalités évoluent, le ministère du Travail, via le compte personnel d'activité (CPA), propose un test de personnalité en ligne. Cinq traits de personnalité sont évalués: l'extraversion, la conscience professionnelle, l'ouverture d'esprit, la convivialité et la stabilité émotionnelle (résistance au stress).

L'automatisation et la digitalisation modifient en profondeur le contenu des métiers. L'obsolescence des compétences techniques (*hard skills*) s'accélère, si bien que le principal défi pour le salarié est aujourd'hui de parvenir à adapter ses compétences à un métier en évolution permanente. L'agilité ou encore les capacités d'adaptabilité deviennent essentielles et prennent une place croissante dans le développement professionnel.

Recruter plus largement sur des critères de compétence comportementale favorise également une bonne ambiance collective et aide à mieux travailler avec les autres. La question de l'adaptation au changement et de l'apprentissage continu devient primordiale. Avoir une certaine dose d'intelligence émotionnelle permet d'atténuer les freins au changement, de savoir évoluer et de mieux s'intégrer au sein d'un groupe.

Cette importance croissante des *soft skills* ne concerne à l'évidence pas tous les métiers ni tous les profils de la même façon. Il est clair que, pour un ingénieur chez Airbus, un infirmier ou un juriste, de solides connaissances et compétences techniques restent un prérequis. De la même façon, au sein des entreprises, il faut faire la différence entre les experts et les managers plus «généralistes». Ainsi, si l'entreprise cherche un expert pour une mission temporaire, celui-ci va d'abord être embauché pour ses *hard skills*, afin d'assurer une mission technique et ponctuelle. En revanche, pour les personnes aux fonctions plus pérennes, garantes de la culture de l'entreprise et donc de l'intégration des nouveaux arrivants, on évaluera plus en profondeur les *soft skills* afin de s'assurer qu'elles sont « compatibles » avec la culture et les process de la société, ainsi qu'avec l'environnement de travail. Ces candidats devront être des facilitateurs d'intégration, des coordinateurs dotés d'une intelligence émotionnelle et d'un esprit critique permettant de faire évoluer les gens dans le cadre de l'entreprise. Ainsi, selon les profils recrutés, les critères prépondérants ne sont pas tout à fait les mêmes. Mais, dans tous les cas de figure, les *soft skills* gagnent du terrain. Alors que l'évaluation de ces derniers et les tests de personnalité étaient auparavant réalisés en complément d'un recrutement, ils sont aujourd'hui un impératif.

Cette ouverture aux *soft skills* doit également inciter les recruteurs à aller davantage vers des profils connexes, capables de s'intégrer et de s'adapter rapidement.

Beaucoup d'entreprises sont encore très focalisées sur le diplôme. Elles auraient pourtant tout intérêt à s'intéresser un peu plus à la personnalité des candidats et à leurs capacités réelles. Par exemple, pour des fonctions commerciales – domaine dans lequel les profils sont pénuriques –, c'est avant tout une personnalité et un potentiel qui doivent être recherchés. Par ailleurs, la capacité d'évolution et de progression de la personne est également à prendre en compte, et pas seulement d'un point de vue technique.

C'est ce que nous appelons le retour du cognitif : l'attention doit davantage se porter sur la personne, pas sur le profil. Mais les choses évoluent doucement. Selon une enquête réalisée par TTI Success Insights auprès d'une centaine de responsables RH, recruteurs, managers et dirigeants, seuls 34 % des professionnels interrogés déclarent que la personnalité est le critère de sélection numéro 1 lors d'une embauche.

LES NOUVEAUX OUTILS POUR ÉVALUER LES COMPÉTENCES ET LA PERSONNALITÉ

Différents outils permettent de mieux cerner la personnalité du candidat, du manager. Il existe des évaluations complètes et des évaluations de premier niveau pouvant être réalisées en ligne. Par exemple, une évaluation en ligne peut consister en un test de connaissances linguistiques, de concentration ou de mémoire. Il peut également inclure un questionnaire de personnalité.

Les centres d'évaluation (*assessment centers*) permettent d'aller plus loin dans la compréhension des compétences comportementales, de la motivation et de la personnalité des candidats. Ils permettent de cerner les comportements professionnels et les aptitudes. Selon le type de poste, on évaluera la créativité, le leadership, la capacité à s'adapter, à manager à distance... On cherchera également à faire apparaître les zones de confort et de risque du candidat, ses leviers de motivation et ses priorités. Pour cela, on utilisera différents exercices : des mises en situation individuelles et collectives, des jeux de rôle, des exercices dits « in-basket », des tests de raisonnement, ou encore des questionnaires de comportement professionnel.

Ces évaluations sont particulièrement importantes pour trois profils : les jeunes diplômés qui n'ont pas encore beaucoup d'expérience professionnelle, les profils atypiques dans les métiers pénuriques et les seniors. Pour les profils pénuriques, elles permettent de détecter des candidats qui n'ont jamais exercé le métier à pourvoir mais qui ont des compétences transférables et de bonnes capacités cognitives. Même chose pour les seniors vers lesquels, contrairement à ce que l'on pourrait penser, de plus en plus d'entreprises se tournent. Certaines le font, encouragées par l'aide financière de 2000 euros pour l'embauche d'un demandeur d'emploi de 45 ans et plus en contrat de professionnalisation, mais aussi et surtout parce qu'il y a aujourd'hui une prise de conscience et que nombreuses sont les structures dans lesquelles le savoir-faire et l'expertise font défaut. Il est alors important de tester les capacités d'adaptation à la culture de l'entreprise, ainsi que les capacités d'apprentissage et de transmission.

Les outils d'évaluation ont beaucoup évolué : fini les tests papier-crayon ! Tout est désormais digitalisé et ludique. Les entreprises souhaitent des process donnant une image employeur innovante et dans l'air du temps, en phase avec l'attractivité qu'elles ont (ou veulent avoir) sur le marché. Pour les candidats, ces évaluations renvoient une image de sérieux et constituent une excellente opportunité d'en apprendre plus sur eux-mêmes. En général, ils apprécient ce temps d'introspection et sont friands de ces exercices. Ils sont de plus en plus conscients de l'importance des compétences comportementales, et de celle de bien se connaître pour mieux se présenter et se vendre. Ils reçoivent toujours un retour détaillé et constructif à l'issue de ces séances. L'évaluation de l'adéquation entre le candidat et la fonction d'une part, et entre le candidat, l'équipe et l'entreprise d'autre part, est capitale.

Les entreprises commencent à sortir de leurs standards et ouvrent le recrutement à des profils qui n'ont rien à voir avec leur secteur d'activité.

Parce qu'il est important de s'assurer que la personnalité du candidat se mariera bien avec celle de l'équipe dans laquelle il travaillera, l'évaluation à 360° – par les opérationnels, les managers et les exécutants – est très intéressante. Elle permet de cerner l'état d'esprit de l'équipe, des personnes qu'il s'apprête à encadrer, et de celui ou celle qui va le manager. Cette évaluation ne signifie pas qu'il faille obligatoirement recruter un clone des personnes composant l'équipe ou du manager ; on doit rechercher en priorité une personnalité complémentaire pouvant s'inscrire dans le même état d'esprit, dans la même dynamique.

Il s'agit donc de recruter de façon plus diversifiée, plus large. Même si l'on continue à embaucher des gens qui nous ressemblent, il faut essayer d'aller vers des profils qui partagent les mêmes valeurs, le même propos, la même ambition. Tout cela sans omettre d'intégrer des personnes capables de repenser l'organisation, de faire preuve d'esprit critique, de voir les choses différemment. Cela implique d'être capable de sortir du CV traditionnel et du diplôme, en s'appuyant par exemple sur les CV vidéo. Ceux-ci offrent aux candidats une nouvelle façon de se présenter et la possibilité de mettre en avant leur personnalité. On est loin du CV affichant le diplôme, l'âge, le lieu d'habitation, etc. Cet outil peut permettre de faire tomber certaines barrières.

Il faut être capable de recruter des candidats sur leur potentiel. C'est particulièrement le cas pour les métiers en tension ou pour les jeunes diplômés n'ayant pas encore d'expérience professionnelle. Leurs principales compétences sont ici des *soft skills*. Depuis deux ou trois ans, on note un changement d'état d'esprit de la part des recruteurs. Les entreprises commencent à sortir de leurs standards et ouvrent le recrutement à des profils qui n'ont rien à voir avec leur secteur d'activité. En règle générale, les structures allant vers ces recrutements d'un genre différent sont très satisfaites. En effet la mixité des profils permet d'accroître les performances en créant une émulation et une complémentarité au sein des équipes.

S'assurer de cette bonne adéquation entre le candidat et l'entreprise, c'est garantir plus de succès dans les recrutements. Car, on le sait, un recrutement coûte cher, et un échec encore plus. Le fait de valider ces éléments nécessite de passer un peu plus de temps et de dépenser un peu plus d'argent, mais au final c'est une opération gagnante.

Bien souvent, lorsque les candidats ne donnent pas suite à une période d'essai ou lorsqu'ils quittent l'entreprise au bout de quelques mois, c'est plus lié à la façon de travailler et à la culture de l'entreprise qu'à la nature du poste. Encore trop souvent, des candidats sont recrutés sans avoir rencontré leur futur manager. Or il faut une adhésion globale, sinon cela ne peut pas fonctionner. On doit se tourner vers un recrutement collaboratif pour maximiser les chances de réussite. L'intérêt de cette démarche participative ? Rassembler les compétences des recruteurs et les connaissances opérationnelles des collaborateurs et des managers.

Demain, le candidat choisira-t-il son manager ? Cela peut sembler extrême, mais on voit bien que les organisations qui mettent en avant leurs managers ou qui les font participer au processus de recrutement invitent les candidats à rejoindre une équipe davantage qu'une entreprise. La personnalisation est de plus en plus importante.

LE RECRUTEMENT AFFINITAIRE

Si de nombreuses entreprises prennent conscience de la nécessité d'ouvrir le champ de compétences des candidats, dans les faits, on observe toujours une forte propension à considérer d'abord la manière dont le candidat va pouvoir répondre aux attentes de la structure. Pour que le changement soit effectif, notamment en ce qui concerne l'évolution des mentalités, les recruteurs devront désormais considérer les besoins du candidat avec la même importance que leurs propres besoins.

Ingénieur en physique quantique formé à Oxford, Jérémy Lamri est le cofondateur du Lab RH. Pour lui, les exigences techniques et le cursus ne suffisent plus. Le recrutement affinitaire consiste à évaluer la compatibilité entre le candidat et l'employeur. Il met donc les deux acteurs sur un pied d'égalité. Le candidat répond à des questionnaires de personnalité et de motivation développés par des chercheurs, tandis que l'entreprise définit les critères de réussite, ainsi que les compétences techniques et comportementales nécessaires pour réussir à remplir la fonction. Ensuite, un algorithme les confronte. De nombreuses start-ups travaillent sur ce sujet. Voici ce qu'en dit Jérémy Lamri : « Auparavant, la personnalité des candidats était souvent évaluée après l'entretien. Mais c'était une erreur ! Cet aspect est aussi important que le CV et les compétences techniques. Il est donc important d'en tenir compte. Le recrutement affinitaire favorise une présélection plus large et permet de mieux préqualifier, mais aussi de faire des recrutements plus équitables. Jusqu'à récemment, le marché de l'emploi n'était pas prêt et différents blocages freinaient les recruteurs. Encore aujourd'hui, la plupart d'entre eux veulent voir un CV. Ils trouvent rassurant de connaître le diplôme et l'expérience du candidat. Mais, en procédant de façon classique, ils s'intéressent davantage à son passé qu'à ses qualités ou à ce qu'il pourrait faire demain. »

Jérémy Lamri va même plus loin. Pour lui, « l'idéal serait d'avoir un référentiel national de compétences pour avoir un langage commun, un fichier ROME (répertoire opérationnel des métiers et des emplois – des fiches emploi/métier détaillées) arrangé et augmenté. Cette base serait enrichie en temps réel par les personnes concernées, qui ajouteraient ou modifieraient des compétences. Car c'est l'homme qui fait le métier, et non le métier qui fait l'homme. On serait ainsi capable de dire : pour exercer tel métier, voici statistiquement le socle minimal de compétences à avoir ».

Il est cependant conscient que le marché a encore du mal à démocratiser cette évaluation et à franchir le pas. Les résistances culturelles sont fortes. Pourtant, une personne qui ne possède que 30 à 40 % des compétences pour un poste mais qui sait s'adapter, se former, est, selon lui, pertinente. Il milite pour que les postes soient définis de façon moins stricte.

2

ÉLARGIR LE CHAMP DU RECRUTEMENT

“Rappelons que la tendance du marché de l’emploi s’est infléchie à l’automne 2017 et se trouve, à l’heure où nous imprimons ces pages, dans une situation proche du plein-emploi, avec un taux de chômage de 3,5 %. Cela entraîne des difficultés croissantes de recrutement et impose aux structures d’être innovantes et de s’appuyer plus largement sur leurs ressources humaines et leur marque employeur.
Pour réussir à identifier et à attirer les meilleurs talents, les entreprises ne doivent pas seulement élargir le champ de compétences des candidats, elles doivent également ouvrir le champ du recrutement. Deux approches sont en plein développement : l’utilisation de collaborateurs déjà en poste (via les systèmes de cooptation, de recommandation, ou les programmes de salariés ambassadeurs) et l’appel aux nouvelles technologies (utilisation de la data, recrutement prédictif ou affinitaire...).

UTILISER LES RESSOURCES HUMAINES DE L'ENTREPRISE

Une pratique de recrutement prend de l'ampleur : miser sur ses collaborateurs pour faire venir de nouveaux talents. Le candidat est toujours attiré par la puissance de la marque employeur et, en même temps, il s'identifie de plus en plus aux ambassadeurs, aux influenceurs que l'entreprise peut avoir, notamment sur les réseaux sociaux.

Des salariés ambassadeurs

Aujourd'hui, la stratégie de la marque employeur passe par l'entreprise, par l'image que celle-ci doit avoir sur le marché en fonction du produit ou du service qu'elle propose, mais elle se transmet aussi par le biais des collaborateurs et des messages qu'ils feront passer en externe ou sur la Toile. Il est donc important que les salariés soient capables de véhiculer les valeurs et la culture de leur entreprise, pour donner envie à d'autres personnes de la rejoindre.

De plus en plus de structures travaillent sur des programmes de salariés ambassadeurs. Par exemple, des collaborateurs se rendent dans leur ancienne école pour donner des conseils à de futurs jeunes diplômés, pour présenter leur parcours et partager leur expérience. Cela concourt à la notoriété de la marque. De plus, ces collaborateurs se sentent valorisés car ils sont considérés comme des experts en dehors de l'entreprise. Ces programmes ont donc deux effets positifs : en interne, ils permettent de responsabiliser et de fidéliser les collaborateurs en externe, d'attirer de nouveaux talents.

On constate que les structures ont beaucoup moins de réticences que par le passé à mettre en avant leurs collaborateurs. Auparavant, le contrôle était fort, les salariés n'étaient pas autorisés à communiquer sans validation de la direction de la communication ou de l'agence de relations publiques. Désormais, les entreprises organisent des ateliers portant sur l'importance de l'« e-réputation » et du *personal branding*, ateliers qui visent notamment à aider les collaborateurs à devenir des ambassadeurs de la marque.

Ce rôle d'ambassadeur prend forme sur Internet, mais également à travers des actions externes, d'accompagnement ou de coaching. On peut par exemple citer l'opération menée par « Nos quartiers ont du talent ». Créée en 2006, cette association accompagne vers l'emploi, via un système de parrainage assuré par des cadres en activité, des jeunes diplômés issus de milieux sociaux modestes ou de quartiers prioritaires. Quelque 10 000 parrains ou marraines provenant des 500 entreprises adhérentes se mobilisent pour accompagner ces jeunes vers l'emploi. Ils ont pour mission de transmettre leur expérience, de les préparer à un entretien d'embauche et de les familiariser avec les codes du monde du travail. Parmi les 40 000 jeunes candidats ainsi aidés en plus de dix ans, 7 sur 10 ont trouvé un travail à la hauteur de leurs qualifications, après une durée d'accompagnement moyenne de six mois. En s'engageant volontairement dans ce type de démarche citoyenne et solidaire, le collaborateur se sent valorisé à titre individuel. Cela a également des effets positifs sur l'entreprise, qui exprime ainsi de façon concrète sa responsabilité sociale et sociétale.

Le mécénat des compétences (mise à disposition d'un salarié volontaire durant son temps de travail au profit d'une œuvre d'intérêt général) continue de se développer et contribue à améliorer la marque employeur. Il fidélise le collaborateur et constitue un facteur d'attraction, notamment auprès des jeunes générations, avides d'engagement et de sens. Il permet également de concrétiser les valeurs prônées par l'entreprise, d'en faire la preuve.

En s'appuyant ainsi sur les collaborateurs, le travail mené sur la marque employeur, au-delà du marketing produit ou service, a un double effet positif sur l'entreprise : d'un côté, la rétention, la fidélisation et la responsabilisation des collaborateurs de l'autre, le développement de son attractivité vis-à-vis des futurs talents.

Il y a donc un effet miroir entre l'expérience candidat et l'expérience collaborateur.

La cooptation et la recommandation se développent

On assiste également à l'émergence dans le recrutement de principes de cooptation et de recommandation. Les entreprises utilisent le réseau professionnel de leurs collaborateurs pour recruter. Transformer ses salariés en « chasseurs de têtes » afin de pourvoir des postes pour lesquels les candidats qualifiés sont difficiles à trouver, est un outil de *sourcing* (recherche des candidats) utilisé avec succès par de nombreuses entreprises, quelle que soit leur taille. Dans le passé, les collaborateurs étaient un peu timides, voire peu enclins à s'engager dans ce genre de démarche. Mais ils commencent doucement à vouloir y participer et ce phénomène va prendre en ampleur. La cooptation est un levier de la marque employeur, en interne comme en externe. D'après la dernière étude annuelle de l'APEC sur les moyens de *sourcing* choisis par les entreprises, 36 % d'entre elles déclarent avoir utilisé la cooptation lors du recrutement d'un cadre.

Dans les grandes entreprises, des programmes de cooptation formalisés sont mis en place et largement diffusés. On réfléchit aussi à de nouveaux outils à développer, notamment quand les structures sont décentralisées et qu'elles recherchent des profils pénuriques. Les évolutions technologiques facilitent la communication de l'information et la mise en relation. Mais, au-delà des nouvelles technologies, l'aspect humain prend tout son sens. Certes, la technologie facilite le *sourcing* et l'expérience candidat ou collaborateur, mais l'humain est plus que jamais au cœur de toutes ces démarches. Dans le cas de la cooptation, on capitalise sur ses propres salariés, bien plus que sur la data ou l'information impersonnelle. La personnalisation et l'importance accordées à l'humain sont plus que jamais prépondérantes.

On voit également apparaître des systèmes de recommandation et de notation des entreprises, voire des dirigeants. Cette tendance très anglo-saxonne, pragmatique et décomplexée, se développe plutôt bien en France, un peu à la surprise générale. La notation y a longtemps été taboue, mais le phénomène prend corps.

Par ailleurs, on demande de plus en plus leur avis aux salariés. Cette tendance à mesurer le niveau de bien-être au travail vient également des États-Unis. Il ne s'agit plus d'écouter ses salariés une fois par an durant un entretien d'évaluation formel et statutaire, mais tout au long de l'année. On est aujourd'hui davantage dans la culture du *feedback* spontané. Et les collaborateurs apprécient de donner leur avis au fil du temps.

On voit ainsi se multiplier les applications mobiles de sondage des collaborateurs. De plus en plus d'organisations mesurent la satisfaction de leurs salariés et leur niveau d'engagement. Via une application ou un questionnaire en ligne, les salariés peuvent répondre de façon hebdomadaire ou bimensuelle à quelques questions. Cela permet de saisir l'ambiance dans l'entreprise et de prendre le pouls du moral et de la motivation des équipes. Ce baromètre du bien-être au travail contribue à aider le manager à piloter son équipe, en tenant compte des problématiques du moment. Il permet aussi d'impliquer et de rendre les collaborateurs acteurs de l'amélioration de leur propre qualité de vie au travail. Cela se pratique aussi bien dans les grandes entreprises (Carrefour) que dans des structures plus petites (My Little Paris). L'idée sous-jacente est la suivante : pour que des collaborateurs soient de bons ambassadeurs, de bons recruteurs, il faut qu'ils soient épanouis dans leur travail.

 # D'après la dernière étude annuelle de l'APEC sur les moyens de *sourcing* choisis par les entreprises, 36 % d'entre elles déclarent avoir utilisé la cooptation lors du recrutement d'un cadre.

Les entreprises intègrent progressivement l'adage *Feedback is a gift*. Elles saisissent désormais l'importance d'avoir un retour pour et par les salariés, là où les dirigeants ne recherchaient pas forcément cette remontée d'informations auparavant. Les études menées sur le sujet, y compris en France, démontrent que la pratique d'un *feedback* régulier permet d'améliorer l'engagement des collaborateurs. Cela a aussi un impact sur les pratiques de recrutement. C'est à nouveau l'effet miroir entre l'expérience collaborateur et l'expérience candidat. Un salarié qui a une bonne expérience au sein de son entreprise sera le plus à même d'en parler et de devenir un bon ambassadeur. C'est avec tous ces éléments que la structure se construit une politique de recrutement forte et attractive.

Au-delà de l'expérience proposée aux candidats, celle vécue par les collaborateurs tout au long de leur carrière est donc un enjeu majeur, tant pour fidéliser les talents et éviter de les voir partir que pour développer la recommandation de l'entreprise par des salariés ambassadeurs, fiers de leur travail et des valeurs portées.

Parallèlement à ces systèmes de recommandation, de cooptation et de salariés ambassadeurs, les nouvelles technologies peuvent aider les recruteurs et les candidats à se rencontrer. De nouveaux outils existent. Tous les jours, de jeunes start-ups innovent dans le domaine du recrutement et des RH. Nous allons en évoquer quelques-uns, sans jamais oublier que la technologie est là pour aider les ressources humaines, non pour les remplacer.

LES NOUVEAUX OUTILS POUR ÉVALUER LES COMPÉTENCES ET LA PERSONNALITÉ

Le recrutement prédictif

À partir des données (big data) que les cabinets de recrutement collectent (CV, comptes rendus d'entretiens, résultats de tests), des outils dotés d'intelligence artificielle plus ou moins évoluée parviennent à identifier des corrélations, des similitudes, des parcours de réussite. On peut émettre des hypothèses et déduire que tel profil, avec telle expérience ou tel diplôme, a occupé avec succès certains postes pour lesquels il n'avait pas toujours le profil requis. On peut définir des probabilités, établir des liens. Cela peut aider le recruteur à trouver des candidats auxquels il n'aurait pas spontanément pensé. Il ne s'agit pas de reproduire des modèles, mais au contraire de casser des biais ou des idées reçues. La data peut faire émerger un profil, actuellement à un poste différent de celui que l'on a à pourvoir, mais qui nécessite de mobiliser les mêmes compétences et qui a de fortes chances de réussir. Elle va permettre de faire ressortir des profils atypiques ou très pertinents, profils que le recruteur aurait pu manquer. L'outil, fondé sur l'intelligence artificielle, va élargir la vision du recruteur, l'aider dans sa prise de décision et favoriser une sélection plus rapide des profils. En effet, ces outils de data visualisation et de data intelligence permettent de modéliser, de faire du prédictif et d'identifier une part supplémentaire de candidats auxquels on n'aurait pas pensé. Attention toutefois : l'outil constitue une aide à la décision, en aucun cas une réponse infaillible.

Pour que cela fonctionne, il faut des bases de données avec un volume suffisant, voire issues de plusieurs sources, si l'on ne veut pas que l'outil reproduise des biais. Si, au sein d'une structure, on a toujours recruté selon les mêmes critères, le parcours de réussite logique sera exclusivement celui de candidats issus de ces mêmes critères (même école ou même zone géographique). Il est donc très important de bien paramétrer les algorithmes afin d'éviter les biais ou de les corriger. Par ailleurs, il faut que les hypothèses qui sont posées et l'utilisation des datas soient pertinentes. Il existe malheureusement beaucoup d'apprentis sorciers en la matière et il convient d'être très attentif et exigeant quant aux outils et méthode utilisés.

Dans le *sourcing*, on ne pourra donc pas aller vers du 100 % automatisé : le paramétrage des algorithmes et l'analyse stratégique de ce que les outils remontent devront toujours être effectués par l'homme. Ils pourront en revanche faire gagner un temps précieux et faire émerger des profils atypiques.

Les outils pour élargir la recherche de candidats

À l'heure actuelle, les sites d'offres d'emploi (*jobboards*) sont les principales sources de trafic et de réception des CV. S'ils renouvellent régulièrement leurs technologies, on constate néanmoins que leur fréquentation s'érode doucement, en particulier sur le marché des cadres, marché qui s'est inversé et au sein duquel les talents ne sont pas forcément en recherche active. De plus en plus de profils attendent que l'on vienne à eux. Dans un tel contexte, les recruteurs vont moins avoir besoin d'outils de visibilité que des outils de *sourcing*, qui vont leur permettre de chasser et de faire de l'approche directe. Ils en ont plusieurs à leur disposition.

On peut ainsi paramétrer un Google CSE (*custom search engine*), un moteur de recherche personnalisé ou customisé à partir de mots clés ou de sites que le recruteur souhaite cibler (par exemple LinkedIn).

Certaines plateformes proposent de vulgariser les requêtes booléennes (requêtes Google) pour simplifier l'identification des talents sur le Web, que ce soit sur des réseaux sociaux, des blogs ou des sites d'écoles. Leurs algorithmes permettent de rassembler des informations publiques sur une personne et d'y ajouter des indicateurs. Est-elle active sur ces réseaux sociaux professionnels ? A-t-elle effectué une mise à jour récente de son profil ? Si c'est le cas, il est probable qu'elle soit à l'écoute du marché. L'algorithme pourra alors lui attribuer un score de disponibilité. On peut ainsi programmer différents critères pour affiner les recherches, filtrer les meilleurs profils et classer les résultats par pertinence. Trouver des profils donnés est un travail long et chronophage, pouvoir les identifier et les trier grâce à l'intelligence artificielle fait gagner un temps précieux au recruteur.

Selon une étude du cabinet Deloitte publiée en mars 2017, 18 % des entreprises s'aident de cette technologie dans le cadre de leurs recrutements. L'intelligence artificielle est capable de scanner les réseaux sociaux, les sites personnels ou d'entreprise, mais également de faire le lien entre les différents sites et de corréler toutes les informations pour reconstituer l'historique public d'une personne. Ensuite, elle propose les profils aux entreprises. Grâce à l'analyse sémantique, l'intelligence artificielle est capable d'aller plus loin que les compétences techniques. Elle analyse la manière dont les personnes rédigent leur profil et en dégage des dominantes.

De plus, différentes extensions Chrome constituent une aide précieuse pour les recruteurs. Ainsi, l'une, à partir d'un intitulé ou d'un descriptif de poste, proposera au recruteur un ensemble de mots clés ou de mots populaires pour rédiger l'annonce (mais aussi pour le *sourcing*) ; telle autre permettra de retrouver l'e-mail d'un candidat ou d'extraire les informations issues des réseaux sociaux pour les présenter facilement et clairement ; une autre, encore, dressera une liste, sur une seule page, de différents profils intéressants. Tous ces outils, souvent gratuits, constituent un gain de temps et d'efficacité réel pour les ressources humaines.

La recherche vocale en plein développement

« Dis, Siri… Y a-t-il de nouvelles offres d'emploi intéressantes aujourd'hui ? »

D'ici à l'année 2020, donc demain, la société Comstore estime que la recherche vocale pourrait atteindre 50 % des recherches sur Internet, contre environ 20 % aujourd'hui. Il existe des outils intéressants pour les recruteurs dans le domaine de la reconnaissance vocale ou d'images.

Les outils « speech-to-text » ou « text-to-speech » permettent par exemple de faire gagner du temps au recruteur en facilitant la rédaction des comptes rendus d'entretiens. Les programmes informatiques, capables de comprendre le langage naturel, sont également de plus en plus performants, à l'instar de Watson, l'intelligence artificielle d'IBM. Watson est capable de comprendre une question posée par une personne, d'y répondre via un message vocal de synthèse, un message ou un *chatbot* (robot conversationnel), et même, plus récemment, de mener un débat et contre-argumenter.

On voit bien que, avec tous ces assistants virtuels vocaux (Google Home, Siri chez Apple, M pour Facebook, Alexa chez Amazon, Cortana chez Microsoft…), le candidat sera bientôt en mesure de demander : « Y a-t-il des nouvelles offres d'emploi près de chez moi et correspondant à mon profil ? » Le vrai défi pour les acteurs du marché de l'emploi est d'organiser et de rendre accessibles toutes les informations – actuellement non structurées – dont ils disposent sur les postes. Les premiers protocoles de référencement arrivent tout juste. Sous quel format va-t-on diffuser ces offres d'emploi ? Vocalement ou par écrit ? Dans quel ordre vont-elles apparaître ? On peut imaginer une projection sur une interface interactive. Ces services vont faire gagner beaucoup de temps au recruteur, mais aussi au candidat.

Des outils pour faciliter la présélection des candidats

De plus en plus d'entreprises ont recours à des agents conversationnels (*chatbots*) au début du processus de recrutement pour faire une préqualification des candidats. L'Oréal, qui reçoit 2 millions de candidatures par an, utilise par exemple un *chatbot* – Mya – s'assurant notamment que les candidats disposent des prérequis nécessaires pour postuler aux offres. En fournissant aux postulants un certain nombre d'informations sur l'entreprise et en vérifiant un premier niveau de compatibilité avec le poste proposé, ces *chatbots* permettent d'alléger la tâche des recruteurs, d'améliorer l'expérience candidat et de donner à l'employeur une image innovante. Ils représentent un premier point de contact plus engageant qu'un simple site « carrière ». Bien sûr, charge à l'entreprise de bien définir en amont l'ensemble des questions et réponses nécessaires pour que le *chatbot* puisse accomplir les différentes missions qui lui seront attribuées.

L'offre d'emploi 4.0

Actuellement, il est très difficile pour un candidat de déterminer sa compatibilité (*cultural fit*) avec la structure dans laquelle il envisage de travailler. Malgré les importants efforts qui ont été réalisés par les entreprises ces dernières années, notamment sur leur site « carrière », il y a encore une grande marche à franchir en termes de transparence. Par exemple, quand un développeur postule dans une entreprise, il n'a pas toujours une idée claire de l'environnement technique dans lequel il évoluera. Rendre ces informations disponibles a pourtant un réel intérêt. L'enjeu va donc être de travailler collectivement à les rendre accessibles. Cela nécessite un énorme travail. L'offre d'emploi doit être complètement repensée et l'entreprise doit accepter encore plus de transparence qu'actuellement.

Il est tout à fait primordial que les recruteurs se dirigent vers une offre d'emploi augmentée et interactive. Celle-ci devra pouvoir fournir des informations sur l'environnement et les conditions de travail, les outils collaboratifs, les technologies disponibles, le type de management, les personnes avec lesquelles le candidat sera amené à travailler, etc. Car les candidats attendent ce genre d'informations et deviennent de plus en plus pointus dans leurs questions. Ils ont besoin d'informations contextuelles pour se faire une idée plus précise et plus réaliste de la proposition employeur.

La rédaction de l'offre d'emploi doit être particulièrement soignée, afin d'être facilement lue et bien référencée par les moteurs de recherche. Par exemple, au niveau du champ lexical, le mot principal (lié au métier, au titre du poste) doit être répété au moins trois fois dans l'annonce. Aujourd'hui, la difficulté réside dans le fait que chaque site d'annonces d'emploi a ses propres critères de référencement. Chacun utilise des algorithmes différents pour répertorier et trier les offres d'emploi. Pour certains sites, un nombre de signes minimal concernant la partie présentation de l'entreprise sera pris en compte; pour d'autres, ce sera l'apparition d'une fourchette salariale, ou tout simplement la date de parution.

De façon plus globale, un vrai travail doit être effectué sur la façon de rédiger l'offre d'emploi afin de susciter l'intérêt des candidats. En amont, il s'agit d'identifier les éléments caractéristiques concernant l'environnement de travail. L'objectif est d'être le plus transparent et authentique possible pour que le candidat puisse se projeter. Ceci se révèle parfois plus difficile lorsqu'on est un intermédiaire du recrutement et qu'on ne peut pas citer le nom de l'entreprise, mais on peut tout de même évoquer les outils collaboratifs, l'environnement technologique, le type de management, les enjeux ou encore les avantages. Autant de sections souvent peu étoffées actuellement. Il faut les compléter. Cela aura un effet de levier sur le nombre de clics, d'engagements et de candidatures.

Il faut faire en sorte qu'aucune offre ne ressemble à une autre. L'offre d'emploi de demain pourrait prendre la forme d'une interface augmentée et interactive, à partir de laquelle le candidat obtiendrait du contenu qualitatif: accès aux salariés ambassadeurs ou à leur compte LinkedIn pour pouvoir leur envoyer un message et échanger avec eux; profil des personnes avec lesquelles il pourrait être amené à travailler; photos ou vidéos des locaux mettant en avant l'ambiance de travail et la culture d'entreprise; interview des dirigeants partageant leur vision stratégique; conditions de travail; et éventuellement une notation (Glassdoor, par exemple) ou un classement (type Top Employers). Des initiatives allant dans ce sens commencent à se développer, à l'instar

L'offre d'emploi doit être complètement repensée et l'entreprise doit accepter encore plus de transparence qu'actuellement.

du site Welcome to the jungle, qui vise à enrichir l'image de l'entreprise.

Un gros travail a déjà été mené sur la marque employeur (vidéos de présentation, sites « carrière »…), mais cela n'est pas encore la norme sur le marché. Et surtout, il faut aller plus loin, comme nous l'avons déjà vu. Les candidats veulent comprendre leur rôle, savoir comment mener à bien la mission qui leur est confiée et se projeter dans l'environnement de la structure.

Formaliser le *purpose* (la raison d'être de l'entreprise), les objectifs et la vision n'est pas simple, mais les candidats y sont très sensibles, et ce sont ces informations clés qui leur donneront envie de postuler.

À l'heure actuelle, le marché de l'emploi n'est pas structuré pour que cette offre d'emploi augmentée devienne la nouvelle norme. Nous en reparlerons dans la troisième partie.

Le CV de demain : un espace interactif

De la même façon que l'offre d'emploi va évoluer, le CV des années 2030 n'aura plus rien à voir avec le CV papier des années 1990 ou 2000. On se dirige là aussi vers un espace interactif, sécurisé et hébergé dans le cloud, espace qui donnera accès à de nombreuses informations sur le candidat : anciens postes occupés, compétences validées, salaire actuel, résultats de tests de personnalité ou de langues, réseau professionnel… Cet espace permettra au candidat de mettre en avant sa personnalité, ses motivations, et non plus uniquement ses expériences professionnelles ou son diplôme. Il pourra utiliser de nombreux supports (textes, vidéos, photos, lien vers un blog, etc.). Il sera possible de sécuriser et de rendre inaltérables de nombreuses informations clés. Le candidat sera détenteur de cet espace comme un véritable coffre-fort de données personnelles et pourra décider de donner accès à ces données à un recruteur. On peut également imaginer un assistant personnel intelligent pour aider le candidat à identifier de nouvelles formations allant dans le sens de son projet professionnel ou des postes disponibles. De la même façon, l'assistant pourra aider le recruteur à évaluer l'adéquation du candidat avec un poste et à trouver toutes les informations nécessaires.

Les enjeux de la protection des données

Ce sujet se trouve un peu en marge de celui du recrutement, mais il est capital de l'évoquer, car il représente un enjeu majeur pour notre capacité à développer et à utiliser durablement les nouvelles technologies. Nous ne pourrons correctement nous servir des informations concernant les candidats et l'entreprise qu'en étant très soucieux de leur protection et du cadre légal. Le décret européen entré en vigueur le 25 mai 2018 (le fameux RGPD, qui a rempli vos boîtes électroniques d'annonces vertueuses en provenance de vos sites marchands favoris) semble une piste intéressante. La data constitue une aide précieuse pour les recruteurs, mais il est important de réfléchir à ce que l'on doit faire des données que ces derniers possèdent, comme il est important de savoir ce que deviendront celles publiées par les candidats sur Internet. Ce décret permet de protéger les candidats et de les rassurer sur le fait que leurs données n'iront pas n'importe où. Ces dernières années, les bases de données ont parfois été partagées sans contrôle (cf. l'affaire de Facebook et de Cambridge Analytica), et les internautes ont été sollicités et démarchés de toutes parts. Côté candidats, on voit aujourd'hui les limites de la surexposition du CV et de sa visibilité sur les réseaux sociaux. Certains commencent même à quitter volontairement LinkedIn afin d'échapper aux sollicitations.

L'accès à un nombre impressionnant d'informations sur les candidats pose également des questions éthiques. Jusqu'à quel point un recruteur peut-il faire des recherches sur un candidat ? Quelles données personnelles a-t-il le droit de collecter ? Quelles sont les données qu'il est légalement et moralement justifié de prendre en compte dans la sélection ?

Il s'agit aujourd'hui de trouver le bon équilibre dans l'utilisation de la data et de l'intelligence artificielle – qui sont des outils bénéfiques (optimisation du *sourcing*, gain de temps et d'efficacité...) – de façon raisonnée et éthique. Le RGPD affirme que toute collecte de données doit être soumise à l'autorisation de l'internaute et que son utilisation doit être clairement explicitée, ce qui est déjà un bon début.

Avec les réseaux sociaux, le big data, l'intelligence artificielle et les nouvelles technologies analytiques, les recruteurs disposent d'un large éventail d'outils inédits. Il faut néanmoins que l'humain reste au cœur des processus de recrutement.

 # Le digital et l'intelligence artificielle sont des outils qui vont améliorer et amplifier les capacités humaines des recruteurs.

Se pose alors la question de la part déléguée à l'intelligence artificielle dans un processus de recrutement. Cet élément est essentiel car il va définir notre identité en tant que personne morale. Chez Michael Page, nous nous refusons par exemple à du « 100 % en ligne ». Pour évaluer le candidat et sa personnalité, il y aura toujours une rencontre physique ou un échange en direct avec un consultant, notamment pour jauger l'intelligence émotionnelle, ce qu'est incapable de faire l'intelligence artificielle. Cette dernière doit être utilisée pour accompagner la prise de décision, pour avoir plus de visibilité et pour gagner du temps, mais en aucun cas pour remplacer la décision humaine.

« L'intelligence artificielle nous permet de réduire les biais humains inconscients et de favoriser la diversité de nos recrutements », explique Natalia Noguera, responsable de la transformation digitale chez L'Oréal (Exclusive RH, 11 mai 2018). Le digital et l'intelligence artificielle sont des outils qui vont améliorer et amplifier les capacités humaines des recruteurs. Ils permettront d'automatiser des tâches à moindre valeur ajoutée pour recentrer le recruteur sur le cœur de son métier : la détection de talents.

Notre rôle et notre engagement, en tant que recruteur, sont de nous assurer de la bonne programmation des algorithmes et de la bonne utilisation des données. Je suis d'ailleurs personnellement favorable à la création d'un label garantissant leur transparence et leur fiabilité. La technologie est là pour nous aider dans la prise de décision et le traitement de la masse de données et faire de nous des consultants augmentés. Nous devons être à même d'aider les DRH à y voir clair dans cette profusion d'outils et à choisir ceux qui répondent le mieux à leurs besoins.

Le métier de DRH a une longue vie devant lui. Face à la pénurie de candidats, notre rôle va être de tisser ou retisser des relations humaines, car il ne peut y avoir de digitalisation ou d'automatisation réussie sans une expérience physique et des échanges directs de qualité.

3

LE RECRUTEMENT NE S'ARRÊTE PLUS À L'EMBAUCHE

“Le fait d’élargir le champ des compétences en mettant l’accent sur les compétences comportementales et la personnalité va dans le sens d’un allongement du temps de recrutement. Considérer la compatibilité d’un candidat avec la fonction, l’équipe et l’entreprise, c’est déjà positionner le recrutement dans un temps long. Il ne s’agit plus d’espérer que le candidat, dont le CV correspond au poste, s’intégrera bien à son environnement de travail, mais bien de l’anticiper et d’en faire, au même titre que les qualités requises pour occuper la fonction, un prérequis à son embauche. L’objectif est clairement d’optimiser l’intégration du salarié pour éviter les erreurs de casting. De plus en plus d’entreprises, avant de choisir définitivement un candidat, le font venir dans leurs locaux pour qu’il y passe une journée et qu’il s’imprègne de l’ambiance de travail. Cette expérience est aussi utile à l’entreprise qu’au candidat, et correspond à un souci d’acceptation réciproque.
Cette phase d’intégration est encore plus importante si l’on considère que l’on va être amené à sélectionner des candidats sur des critères de compétences comportementales que sur des critères de compétences techniques.

EMBAUCHER ET INTÉGRER : UNE MÊME MISSION

Estimer que la signature du contrat de travail marque la fin du recrutement est une erreur. La phase d'intégration (*onboarding*) est particulièrement importante. Le candidat n'occupe pas seulement un poste, il intègre surtout une équipe, emmenée par un manager. Il est donc important de soigner l'accompagnement et de suivre ses premiers pas. Cela sécurisera la période d'essai et évitera les désillusions.

Si l'on veut se protéger d'un turnover trop grand, si l'on souhaite éviter qu'un tiers des CDI ne soient rompus la première année (selon une étude de la Dares datant de 2015, sur 100 recrutements, 13 échouent pendant la période d'essai, et 33 échouent pendant la première année), comme c'est le cas actuellement (et principalement du fait du candidat), il devient de plus en plus nécessaire de lui fournir les bonnes informations au cours de son intégration. Le temps de la transparence pour prévenir ces échecs est largement venu. Il faut que le candidat soit capable de se projeter dans le poste, afin d'éviter les mauvaises surprises et le risque de le voir partir au bout de quelques mois. C'est d'autant plus vrai que les candidats qualifiés n'hésitent plus à rompre leur période d'essai, confiants dans le fait qu'ils auront d'autres opportunités ailleurs.

Si le recrutement a été collaboratif, l'intégration sera facilitée, car des contacts auront déjà été noués avec le manager et les membres de l'équipe. Fort de cet enseignement, Michael Page propose de plus en plus de coachings d'intégration d'une durée de 90 jours, pour s'assurer que le processus d'*onboarding* se déroule bien, tant du côté du candidat que de celui du recruteur.

De plus en plus d'entreprises mettent en place des parrainages ou des programmes de mentorat/tutorat pour faciliter cette phase d'intégration. Ceci est particulièrement utile dans le cas d'une entreprise ayant recruté un candidat novice dans le métier ou d'un binôme senior/junior.

Une autre possibilité repose sur l'immersion : emmener le candidat sur le terrain pour lui faire découvrir les différentes activités de l'entreprise. Il est important d'être transparent et clair durant cette période. Ce contact avec le terrain se fait généralement après l'embauche du candidat, le but ici est donc de l'avancer en l'incluant dans le processus de recrutement. Il s'agit là encore de personnaliser et d'individualiser au maximum cette période de découverte et de formation. Par exemple, si la personne recrutée est autonome, l'accompagnement pourra être plus léger. En revanche, d'autres profils nécessiteront des points plus réguliers, et mieux vaudra par exemple éviter les formations exclusivement en *e-learning*.

On ne peut parler de recrutement réussi qu'une fois que le candidat est bien intégré et a compris les enjeux du poste. Le rôle des RH est de sensibiliser les managers à l'importance de cette période et de les inciter à donner le maximum d'informations au nouvel arrivant. Là encore, le digital peut constituer une aide précieuse pendant cette phase, via différentes applications.

FIDÉLISER ET FAIRE ÉVOLUER LES CANDIDATS : LES NOUVELLES MISSIONS DU RECRUTEUR

Dans ce contexte de changement de rapport au travail, la gestion du collectif et le développement des talents sont un véritable défi. L'enjeu est de tenir compte de la personnalité du candidat, de le faire évoluer dans le respect de ses aspirations personnelles et de ses leviers de motivation au sein d'un collectif, d'une culture d'entreprise, et de lui offrir de réelles perspectives d'épanouissement. On le voit bien, les nouvelles générations sont de moins en moins sensibles à un parcours de carrière interne à l'entreprise, parce qu'elles savent qu'elles ne vont pas forcément y rester. Elles sont désormais plus réceptives aux moyens mis en œuvre pour leur permettre de s'épanouir dans leur fonction et de mener à bien la mission qui leur a été confiée. Il ne s'agit plus de gérer un groupe plus ou moins homogène, que l'on va faire évoluer de la même façon. On passe sur une relation individualisée, rendant chaque collaborateur beaucoup plus acteur de son développement et de sa carrière. Les RH et les recruteurs ont dans ce cadre besoin d'outils pour évaluer si l'entreprise a les bonnes personnes dans les bonnes équipes.

Il est désormais possible de conseiller les structures sur les évolutions de carrière des personnes recrutées grâce à la data. On peut ainsi prédire que telle personne a de fortes chances d'évoluer vers tel type de poste, d'acquérir telle compétence. L'entreprise recrute un candidat pour un poste précis, mais il y a ensuite possibilité que celui-ci évolue vers tel autre poste qui nécessitera telle(s) compétence(s). Les sociétés commencent à prendre en compte ces éléments lors du processus de recrutement.

On ne recrute donc plus seulement pour un poste vacant, on anticipe le coup d'après, voire le suivant. Les nouvelles populations de salariés (millennials comme quadras) veulent travailler en mode projet et s'investissent avec une visibilité de seulement deux ou trois ans. Notre rôle est donc d'intégrer ce point au moment de la sélection du candidat en utilisant les données existantes pour réaliser une projection de l'évolution du candidat, croisée avec l'évolution de l'entreprise et de son activité, afin d'être en mesure de lui proposer la mission d'après.

Les mêmes outils, fondés sur l'intelligence artificielle, peuvent aider les DRH à accompagner la mobilité interne de l'ensemble des collaborateurs et à relever le défi complexe que représente le fait de proposer un service personnalisé à grande échelle. Clustree, par exemple, a mis au point un algorithme permettant de « booster » l'évolution de carrière des salariés en leur proposant postes et mentors internes, formations et projets d'intrapreneuriat. Côté DRH, la plateforme recommande des profils de candidats internes auxquels nous n'aurions pas pensé, en dépassant les stéréotypes et les idées reçues.

On peut prédire que telle personne a de fortes chances d'évoluer vers tel type de poste, d'acquérir telle compétence.

Les évaluations peuvent également être très utiles. Celle des dirigeants et des managers clés permet de sonder l'état d'esprit général (adhésion à la stratégie de l'entreprise, motivation vis-à-vis du projet, positionnement par rapport aux transformations nécessaires et à l'innovation...), mais aussi d'estimer les *soft skills* des collaborateurs (adaptabilité, agilité, capacité de remise en question) et les compétences managériales (capacité à expliquer, à mobiliser les équipes, à prendre les décisions nécessaires, etc.). L'objectif d'une telle évaluation est, en s'appuyant sur l'observation des compétences comportementales à travers différents exercices, d'anticiper la performance des collaborateurs dans une fonction future, notamment en les confrontant à des situations nouvelles, et parfois critiques. Cette démarche permet d'émettre des préconisations d'évolution, assorties de moyens adéquats (coaching, mentorat, formation, évolution vers des responsabilités adaptées, etc.). Elle contribue également à retenir les talents et à définir une politique de ressources humaines enrichie et pertinente. C'est désormais ce qui fera la différence entre les entreprises.

Chapitre III

TOUS ENSEMBLE

L’éventail des transformations à opérer dans les méthodes de recrutement et les mentalités est si large que le changement ne sera effectif que si les pouvoirs publics et l’ensemble des acteurs des ressources humaines et du recrutement agissent de concert. Chacun a un rôle à jouer. La mission des intermédiaires de l’emploi est de faciliter cette ouverture en accompagnant les RH dans la mise en place des stratégies, outils et méthodes. Les services de ressources humaines ont pour objectif d’impulser le changement des mentalités et des compétences au sein de l’entreprise, tandis que l’État doit intervenir pour assouplir le cadre et adapter l’enseignement dès le plus jeune âge, afin de favoriser l’employabilité future.

1

LE RÔLE DES ACTEURS DU RECRUTEMENT DANS LE CHANGEMENT

“Précisons tout d’abord que les acteurs intermédiaires du recrutement regroupent les cabinets de recrutement, les entreprises de travail temporaire ou de portage salarial, les plateformes de mise en relation entre les candidats et les entreprises, ou encore les coopératives d’activité et d’emploi (CAE).

AIDER LES SERVICES RH À DÉPASSER LES ANCIENS SCHÉMAS DE RECRUTEMENT

Certains dirigeants ou managers ont parfois du mal à appréhender les nouveaux candidats et la révolution qui s'opère dans le recrutement. Les DRH ont la volonté d'être des moteurs du changement au sein de leur organisation, mais ne sont malheureusement pas toujours entendus. Les intermédiaires de l'emploi doivent participer à l'évolution des mentalités et des process. À eux de faire comprendre que l'on ne peut plus recruter des talents selon des grilles d'évaluation devenues caduques. Il n'est plus envisageable de sélectionner des candidats en ne tenant compte que de leurs seuls diplômes, indépendamment du poste. Pourtant, certains responsables veulent encore des candidats issus de telle école ou dotés de tel diplôme, et ce malgré des statistiques montrant que les formations initiales ne seront pas adaptées aux métiers qui verront le jour dans cinq ans. Il faut pouvoir se focaliser davantage sur des personnes faisant preuve d'intelligence situationnelle et émotionnelle, sur des personnes ayant la capacité d'apprendre et dont l'esprit critique apportera de la valeur à l'entreprise. La priorité est de trouver une personnalité qui s'adaptera à ses collègues, qui adhérera à la stratégie de l'entreprise et à sa culture. Or ni le diplôme ni la localisation géographique du candidat ne permettent de détecter ce genre d'aptitudes.

Il faut donc continuer à se battre contre les vieux schémas, désormais obsolètes. Il s'agit de détricoter inlassablement les idées reçues, les habitudes et les réflexes, et d'accompagner les RH en interne. Les anciennes méthodes ont montré leurs limites : il est temps de travailler à de nouvelles grilles de sélection et d'évaluation. Le degré de maturité des entreprises sur ces questions-là est très variable et hétérogène. Quelques grands groupes et petites PME ont déjà bien évolué, tandis que d'autres continuent de fonctionner selon des schémas obsolètes, induisant parfois des biais discriminants.

Aux acteurs du recrutement, pour chaque offre d'emploi, de bien évaluer et identifier l'environnement de travail, ainsi que les enjeux du poste, et de hiérarchiser les compétences techniques et comportementales souhaitées. Il ne faut pas hésiter à proposer en short list des candidats atypiques et insister pour convaincre les entreprises de les recevoir en entretien. Le plus difficile est souvent de passer la barrière de la rencontre. Une fois cette étape franchie, il n'est pas rare que le regard du recruteur évolue positivement.

Le recrutement sans CV se pratique déjà depuis très longtemps pour certains postes ou acteurs de l'emploi, mais à petite échelle. La prise en compte des *soft skills* n'est pas fondamentalement révolutionnaire. Il est cependant certain que les compétences comportementales prendront une dimension encore plus importante sous l'effet de plusieurs facteurs : l'obsolescence programmée des compétences dites « dures », mais également le fait que les candidats ne veulent plus transiger sur un certain nombre de critères. Rappelons-le, une fois encore : les candidats recherchent un travail, et non plus un emploi. Les recruteurs doivent donc renverser le prisme d'évaluation des candidats. Sur ces sujets, les intermédiaires de l'emploi ont un vrai rôle d'accompagnement et de sensibilisation à jouer auprès des RH, et plus globalement des décideurs au sein des entreprises.

LUTTER CONTRE LES PRATIQUES DISCRIMINATOIRES

En 2018, combattre les discriminations à l'embauche reste un défi. C'est pourquoi il est essentiel de maintenir notre vigilance et de sensibiliser, éduquer, mais aussi former sans cesse les acteurs du recrutement. C'est à ce prix que nous viendrons à bout de certaines inégalités de traitement, le plus souvent inconscientes, mais encore trop souvent volontaires, et que nous pourrons enfin parler d'égalité réelle des chances dans l'accès à l'emploi, à compétences égales.

« J'aime celui qui me ressemble, ce que je connais » : la plupart des gens auront tendance, dans leur quotidien, à se complaire dans cette manière de penser sécurisante, mais dangereuse, car à l'origine même des discriminations. L'autre, l'inconnu, celui dont on ne maîtrise par exemple pas les codes, est perçu comme une menace, un risque, et donc plus facilement mis de côté et traité de manière défavorable. À l'inverse, le connu, celui qui nous ressemble et à qui l'on donne, *a priori*, sa confiance, est traité de manière favorable.

Une vidéo de TV2 Danmark (« All That We Share ») illustre très intelligemment la discrimination fondée sur les préférences et les croyances. Elle met en effet l'accent sur tout ce qui rassemble les gens, alors même que chacun des participants voit, au départ, tout ce qui le sépare de l'autre. Cette expérience déclenche une prise de conscience chez les sujets, qui leur permet, par ricochet, de dépasser leurs préjugés. L'objectif : améliorer le vivre-ensemble en se focalisant sur ce qui rassemble, plutôt que sur ce qui divise, et ainsi accroître la performance globale de la société. Il existe un lien réel entre acceptation de l'autre, diversité, bien-être et performance au sein de l'entreprise.

La discrimination est subjective et particulièrement difficile à combattre. Nos sociétés ont toujours nourri des préjugés au sujet de certains groupes sociaux (femmes, seniors, étrangers, homosexuels, etc.). Mais la législation évolue positivement, et de nombreuses organisations et associations travaillent étroitement avec les entreprises pour faire évoluer les pratiques dans l'accès à l'emploi.

Selon le législateur, « une discrimination à l'embauche est une discrimination évoquée lorsque des chercheurs d'emploi sont traités de manière différenciée sur une base de critères sélectifs qui manquent de justification objective et raisonnable à l'égard du poste de travail à pourvoir ». L'article L. 1132-1 du Code du travail et l'article 225-1 du Code pénal listent tous deux 24 critères de discrimination. Depuis mai 2017, la loi « égalité et citoyenneté » rend d'ailleurs obligatoire la formation à la non-discrimination à l'embauche pour les employés chargés de missions de recrutement dans toute entreprise d'au moins 300 salariés, ainsi que dans les organisations spécialisées dans le recrutement, quel que soit leur effectif.

Il faut aujourd'hui une prise de conscience et un engagement fort de la part de toutes les parties prenantes afin de garantir la compétitivité de nos entreprises et celle de notre société tout entière. Les entreprises spécialisées dans le recrutement – acteurs intermédiaires au contact d'organisations clientes et de candidats – ont un rôle essentiel à jouer. Elles doivent tout d'abord assurer à leurs équipes un haut niveau de formation afin de leur donner toutes les clés permettant de garantir l'absence de discrimination (directe ou indirecte) à l'égard des candidats, et ce de la sélection du CV à la présentation au client, en passant par l'entretien d'embauche.

Elles ont également pour défi de doter leurs consultants et chargés de recrutement d'outils nécessaires à l'accompagnement des clients, et aussi, dans certains cas, de compléter la formation des entreprises mandataires en matière de non-discrimination à l'embauche (par exemple, celles dont les équipes n'ont pas d'obligation légale de formation), afin de soutenir les pratiques qui favoriseront l'abrogation des demandes discriminatoires de la part de clients.

 # L'objectif : améliorer le vivre-ensemble en se focalisant sur ce qui rassemble, plutôt que sur ce qui divise, et ainsi accroître la performance globale de la société.

Cela passe en premier lieu par de la pédagogie et de la sensibilisation, c'est-à-dire par la maîtrise de certains éléments de discours liés aux critères objectifs d'embauche (importance des compétences et du savoir-être, mise en avant des qualités relationnelles du candidat) et à l'acceptation de l'autre. Cela passe également par la capacité à former et à accompagner, notamment en s'aidant d'outils tels que le guide *Recruter sans discriminer*, de Stéphanie Lecerf, vice-présidente de l'association « À compétence égale ».

Dans certains cas, l'intermédiaire de recrutement pourra aussi envisager de mettre en place, comme c'est le cas chez PageGroup depuis plusieurs années, un système permettant aux consultants qui refusent le traitement d'une mission parce qu'elle présente des éléments discriminatoires de ne pas être pénalisés par rapport à la validation de leurs objectifs professionnels. Il s'agit d'encourager et de favoriser par tous les moyens le refus de la discrimination à l'embauche afin que l'égalité dans l'accès à l'emploi soit une réalité pour tous.

VALORISER L'INTELLIGENCE ÉMOTIONNELLE

L'intuition humaine, l'intelligence émotionnelle et l'émotion cognitive ne seront jamais remplacées par une machine, un robot ou encore un *chatbot*. Or ce sont des compétences de plus en plus importantes dans la vie professionnelle, notamment si le métier consiste à entrer en relation avec d'autres individus (fonctions commerciales, managériales, etc.). Rien non plus ne viendra supplanter la relation directe qu'un recruteur peut avoir avec un candidat. Ainsi, rappelons-le une fois encore, tous ces outils technologiques doivent être utilisés avec intelligence et parcimonie : ils sont au service des hommes, et non là pour prendre leur place.

Si l'on en croit la définition courante, l'intelligence émotionnelle est la « capacité à reconnaître, comprendre et maîtriser ses propres émotions, et à composer avec les émotions des autres ». Elle regroupe quatre compétences distinctes : la conscience de soi (capacité à identifier et comprendre ses propres émotions), la maîtrise de soi (faculté à contrôler ses émotions), la conscience des autres, également appelée « empathie » (aptitude à saisir les émotions des autres et à agir en conséquence : écoute, sens du service, etc.), et, enfin, la maîtrise des relations (capacité à créer du lien social, à travailler en équipe, à inspirer et à aider son entourage).

L'intelligence émotionnelle est davantage liée au savoir-être qu'au savoir-faire. Alors que, dans les entreprises, le relationnel, l'empathie, la gestion du stress, le travail en équipe et la collaboration prennent une place de plus en plus importante, cette forme d'intelligence doit être mieux évaluée et valorisée. Les managers dotés d'une intelligence émotionnelle élevée seront, par exemple, plus à même d'accompagner et de motiver efficacement leurs collaborateurs.

Par ailleurs, à chaque intelligence émotionnelle correspond un certain type de mission, voire d'entreprise. Il convient donc d'évaluer le plus finement possible la personnalité du candidat afin de déterminer ses chances de s'épanouir dans le poste et l'environnement de travail proposés.

Aujourd'hui, les chercheurs s'accordent à dire qu'une personne compétente et douée d'un niveau élevé d'intelligence émotionnelle réussira à bien d'autres égards, d'où la formule : « *IQ gets you hired, EQ gets you promoted* » (« Votre quotient intellectuel – QI – vous permet d'être recruté, votre intelligence émotionnelle – IE – vous permet d'évoluer »).

Là encore, nous avons un rôle important à jouer pour sensibiliser et convaincre les entreprises de bien valoriser cet élément lors du processus de recrutement et d'intégration.

ALLER VERS PLUS DE TRANSPARENCE ET DE PRÉCISION DANS LES OFFRES D'EMPLOI

Le travail mené sur la marque employeur, ainsi que le degré de transparence et d'information consenti par les entreprises, sont très variables. Quelques-unes d'entre elles ont déjà fait d'importants efforts sur le sujet, tandis que d'autres accusent encore un retard certain et pénalisant en termes d'attractivité et de rétention des talents. Les intermédiaires de l'emploi doivent faire comprendre à leurs clients l'importance d'aller vers une offre d'emploi plus riche en informations. Il faut que, en l'étudiant, le candidat puisse se projeter, comprendre en quoi consiste concrètement ce poste, et dans quel contexte il sera amené à évoluer. Un véritable travail sur la rédaction des annonces doit être mené, ainsi que nous l'évoquions dans le chapitre précédent. Les offres d'emploi doivent être davantage personnalisées afin de refléter les différences existant entre les entreprises, y compris sur un même type de poste. Le candidat doit, en les parcourant, être à même d'évaluer la culture de l'entreprise et le niveau d'adéquation avec son propre système de valeurs.

Quelques initiatives intéressantes visant à mettre la marque employeur en avant existent (Welcome to the jungle, JobTeaser...), mais cela reste encore assez timoré. Il faut faire plus et plus rapidement. Une réflexion commune sur le format des annonces est nécessaire pour aller plus loin. Les recruteurs, les multidiffuseurs d'annonces (Multiposting, Broadbean), les médias de l'emploi (*jobboards*, métamoteurs) sont interdépendants et doivent se mettre d'accord sur de nouveaux standards. Tous les outils technologiques qui permettraient d'avancer vers une annonce interactive existent (vidéo, lien vers des profils sur des réseaux sociaux, *chat live*...). Mais les usages tardent ! Nous l'avons vu, les offres d'emploi reçoivent moins de visites et moins de candidatures.

Il faut donc optimiser les offres en donnant plus d'informations aux candidats et en cherchant davantage à les séduire. Des offres plus transparentes devraient également permettre de recevoir des candidatures plus ciblées et plus pertinentes.

FACILITER LES TRANSITIONS PROFESSIONNELLES

Le marché de l'emploi est à la fois plus fluide et plus compliqué. Plus fluide car l'utilisation des réseaux sociaux, de la data et des algorithmes permet de rapprocher l'offre et la demande de travail ; plus compliqué car le marché est complexe, l'éventail des métiers élargi, les parcours professionnalisants parfois opaques et la différence entre les statuts pas toujours très lisible.

Le rôle des intermédiaires de l'emploi va donc s'étoffer. En effet, les gens auront toujours besoin de quelqu'un pour les aider à construire leur parcours professionnel ou, s'ils décident d'être indépendants, pour les aider à gérer la partie administrative ou la comptabilité. On va donc voir apparaître de nouvelles formes d'intermédiation, avec davantage de services et d'accompagnement.

Il y a quelques années encore, quand un cabinet de recrutement faisait entrer un candidat au sein d'une entreprise, ce dernier avait toutes les chances d'y rester une dizaine d'années. Désormais, il est fort possible que, trois ou cinq ans plus tard, il soit à nouveau en quête d'une opportunité professionnelle. Par conséquent, qu'il s'agisse d'entreprises de travail temporaire ou de portage salarial, de plateformes de mise en relation candidats/entreprises, de coopératives d'activité et d'emploi (CAE), ou encore de cabinets de recrutement, tous ont un rôle important à jouer dans la simplification des transitions de poste ou de statut.

Les intermédiaires de l'emploi ont l'opportunité de développer leur offre de conseil, d'évaluation et d'orientation. L'automatisation d'une partie de leurs anciennes tâches doit leur permettre de consacrer davantage de temps aux relations interpersonnelles et à l'accompagnement personnalisé.

2

LES NOUVEAUX DÉFIS DES SERVICES RH

“Les professionnels des ressources humaines ont un important travail de pédagogie à mener auprès des opérationnels afin que ces derniers ne recrutent plus forcément quelqu’un qui leur ressemble. C’est à eux d’accompagner les dirigeants et les managers dans cette bascule en faveur des compétences comportementales.

ACCOMPAGNER LA TRANSFORMATION DES ENTREPRISES AVEC L'AIDE DES MANAGERS

Sur fond de transformation digitale et de mutation du marché de l'emploi et des métiers, les RH ont pour rôle d'anticiper et de garantir les compétences utiles pour demain, de développer l'agilité collective, mais aussi d'encadrer l'indispensable innovation managériale, qui doit se construire autour de la confiance, de la coopération et du travail en réseau. C'est à eux qu'incombe la mise en place de programmes de sensibilisation, de formation.

La fonction RH est tout à fait apte à piloter la dimension humaine de la transformation et les actions de gestion du changement (*change management*), mais également à activer les leviers qui permettront une appropriation des évolutions par les salariés.

La gestion du changement est une approche structurée et holistique donnant la possibilité d'outiller les personnes et l'organisation afin de les rendre plus flexibles et résilientes, c'est-à-dire en mesure d'absorber davantage de changements à la fois. Un management du changement efficace doit permettre d'accroître le nombre de personnes concernées par la transformation. Il doit accélérer la vitesse d'adoption du nouveau modèle d'entreprise et des nouvelles pratiques de travail, et, *in fine*, améliorer la productivité des équipes en stimulant le changement d'état d'esprit et de comportement. La gestion du changement propose de faire du changement une opportunité et vise à redonner du sens au travail. Les RH peuvent aider les managers de proximité – qui sont en première ligne – à se former au pilotage de la transformation d'une équipe.

Conduire ce travail de fond lorsque certains managers voudraient garder la main n'est pas toujours facile. Mais c'est bien aux RH d'influencer le recrutement, la rétention des talents, la qualité de vie au travail et la conduite du changement. Ils contribuent ainsi à construire l'entreprise de demain.

MISER SUR LA FORMATION CONTINUE

L'un des principaux défis pour la fonction RH sera d'accompagner les salariés dont le métier est voué à évoluer sous l'effet de l'automatisation et des nouvelles technologies. Comme le souligne le Conseil d'orientation pour l'emploi (COE) dans différents rapports publiés en 2017 et regroupés sous l'intitulé *Automatisation, numérisation et emploi*, 50 % des actifs verront le contenu de leur emploi actuel transformé. Il sera donc nécessaire qu'ils apprennent à travailler avec de nouveaux outils, de nouvelles machines, de nouveaux logiciels, et à exercer leur métier différemment. Les ressources humaines devront donc être à même d'identifier les compétences dont les salariés auront besoin dans ce nouvel environnement digital.

L'enjeu de la formation continue est donc crucial, d'autant que nous n'en sommes qu'aux débuts de la révolution de la robotique et de l'automatisation. L'informatique quantique sera là dans moins d'une décennie, et son impact sera encore plus fort que celui de la révolution numérique que nous connaissons actuellement. Les RH doivent absolument mettre en place les conditions qui permettront aux salariés de progresser et de se former. Il s'agit donc de faire évoluer les processus en interne.

De plus en plus d'entreprises possèdent leur propre pôle de formation, afin de former leurs collaborateurs tout au long de leur carrière, avec des formations mises à jour et enrichies plusieurs fois par an. Chez Michael Page, par exemple, nous avons mis en place une plateforme d'apprentissage gamifiée, interactive, avec des vidéos, des programmes à points, des quiz réguliers et, bien sûr, des cours en présentiel. L'objectif est de rendre les personnes plus agiles, plus autonomes. Si la formation continue n'est pas bien structurée, les salariés s'en iront, car ils ont parfaitement conscience de l'importance d'apprendre en permanence.

Mais attention : il ne s'agit pas non plus de laisser le salarié seul face à la responsabilité de son employabilité. Tout le monde n'a pas cette capacité proactive, cette motivation. Il faut un encadrement minimal. De la même façon, certains libèrent leur créativité facilement, quand d'autres ont besoin d'un cadre structuré. Il faut s'adapter à la personnalité de chacun. Les RH vont donc devoir trouver des process permettant d'individualiser l'offre de formation, d'aller vers du sur-mesure, et ce afin de faire progresser chaque personne selon son profil, son caractère.

 # Les possibilités de se former se sont multipliées ces dernières années, notamment à l'extérieur de l'entreprise.

La volonté affichée de choisir son avenir professionnel n'est pas dénuée de crainte pour le travailleur. L'étude réalisée par BVA/Salesforce en juin 2018 sur le regard que posent les Français sur leur formation et leur employabilité est instructive : 28 % pensent que leur formation initiale est obsolète ; 64 % des employés déplorent un manque de soutien face aux divers changements survenant dans le monde du travail ; enfin, 41 % estiment qu'il est difficile de se lancer dans une reconversion professionnelle, même avant 45 ans. En conclusion, les Français considèrent que l'on est davantage reconnu pour ce que l'on sait faire que pour ce que l'on peut faire.

Les RH doivent donc proposer une véritable panoplie d'outils et de services afin que chaque salarié puisse recevoir l'information et se former à son rythme, selon les modalités qui lui conviennent le mieux.

Les employeurs les plus innovants offrent désormais à leurs collaborateurs des outils d'orientation et de sensibilisation au lieu d'imposer des plans de formation génériques bâtis par les managers et les RH. Aujourd'hui, plus de 75 % des Top Employers France mettent en place des portails dédiés permettant aux salariés de piloter leur propre développement professionnel, leur donnant notamment accès à une très large palette de ressources, internes comme externes, pour explorer les différentes possibilités. Ces approches sont en croissance de 15 % depuis 2015.

Oser mettre l'accent sur les choix individuels permet d'augmenter l'engagement et le taux de réussite des évolutions individuelles tout en restant cohérent avec les besoins de l'organisation.

Les possibilités de se former se sont multipliées ces dernières années, notamment à l'extérieur de l'entreprise (par exemple, en suivant des MOOC ou des conférences sur YouTube). On assiste à une mondialisation de la formation et au développement de l'interculturalisme.

PERSONNALISER LES POLITIQUES RH

Malgré ce que l'on entend parfois, le travail est encore une valeur forte de notre société. La théorie de la fin du travail est une erreur. En fait, ce qui a changé, c'est que les individus recherchent un emploi intéressant et enrichissant. Il doit être un facteur d'épanouissement personnel. Les gens veulent travailler, mais veulent surtout trouver du sens dans leur travail. « Les exigences par rapport au travail sont très fortes, car les personnes veulent pouvoir se réaliser ici et maintenant, et faire quelque chose d'utile pour la société », analyse Denis Pennel, directeur général de la World Employment Confederation (WEC) et auteur des livres *Travailler pour soi – Quel avenir pour le travail à l'heure de la révolution individualiste ?* (Éditions du Seuil, 2013) et *Travail, la soif de liberté* (Eyrolles, 2017). Mais les risques de déception sont aussi plus élevés. Car qui dit « attentes élevées » dit « risque de frustration » si le travail ne remplit pas cette fonction d'accomplissement de soi, fonction qui engendre une forte pression sur les entreprises.

« L'enjeu est de respecter la singularité et les aspirations de chacun. On ne peut plus gérer les salariés comme une masse indistincte. Pour répondre à cette individualisation de la relation de travail, il faut aller vers une personnalisation de la gestion des ressources humaines, explique Denis Pennel. Le défi pour le RH est d'être capable de proposer aux salariés des "menus" à la carte, aussi bien concernant la rémunération et la formation que le temps de travail. »

On peut ainsi imaginer un « package rémunération » comportant différents éléments, fixes ou variables. Le salarié composerait son « menu » en fonction de ses besoins et priorités du moment. Tous les six mois ou tous les ans, on réadapterait ce menu en fonction de l'évolution de sa vie personnelle. Les nouvelles technologies facilitent cette personnalisation. Denis Pennel parle d'« artisanat de masse », c'est-à-dire du sur-mesure en grande quantité : « Dans un futur proche, chaque personne aura une application personnelle et pourra recomposer son "package rémunération". » Sur ce même modèle, on peut imaginer un compte épargne-temps qui permettrait de moduler son temps de travail selon les semaines ou les mois.

Le fait de dire qu'il faut remettre l'humain au cœur du travail semble relever du lieu commun. Pourtant, cela n'a jamais été aussi vrai. D'autant qu'aujourd'hui le nombre de salariés très motivés et très engagés est extrêmement faible. Il existe un vrai malaise, un vrai mal-être dans les organisations. Il devient urgent de réhumaniser l'entreprise et ses process.

FAIRE VIVRE UN COLLECTIF DE TRAVAIL DIVERSIFIÉ

L'un des autres enjeux essentiels pour les DRH est de savoir gérer une main-d'œuvre diversifiée, appelée *workforce mix*. Dans une même entreprise, cohabitent désormais des personnes en CDI ou en CDD, des intérimaires, des indépendants (voire des prestataires de plateformes « à la demande »), des salariés de sous-traitants ou de SSII, ou encore des salariés en portage salarial. Toutes ces personnes travaillent pour un même objectif, mais avec des statuts et des droits différents. Le DRH doit donc tenir compte de ce nouveau collectif de travail, plus disparate, plus hétérogène, et inventer de nouvelles façons de « faire ensemble », malgré la diversité des situations de travail. Par ailleurs, avec la perte d'une unité de lieu (développement du télétravail ou du travail nomade) et d'une unité de temps (temps partiel, ou encore *blurring*, phénomène en pleine expansion évoqué plus tôt), il devient plus compliqué de créer et d'animer un collectif.

Dans ce contexte de collectif d'individualités, préserver la cohésion et le « vivre ensemble » est l'un des principaux défis à relever pour les DRH. Des réflexions sur les façons de reconnaître la performance du collectif de travail sont également à mener. Enfin, le rôle des managers de proximité est essentiel : les DRH doivent les accompagner et les former pour les aider à mener à bien cette délicate mission.

3

L'INDISPENSABLE INTERVENTION DES POUVOIRS PUBLICS

“ Les pouvoirs publics doivent continuer
à réfléchir sur les mutations du travail
et poursuivre les réformes liées à la
formation professionnelle, à la protection
sociale ou encore au droit du travail.
Il faut aller vers plus de flexisécurité.

RÉFORMER POUR PLUS DE FLEXISÉCURITÉ

Face à un marché de l'emploi plus fluide, plus mobile, mais aussi plus volatil et incertain, face à la multiplication des formes de contrat, face à des candidats qui passent d'un statut à un autre, voire cumulent plusieurs statuts, et qui connaîtront des transitions professionnelles plus nombreuses, l'objectif est d'assurer une continuité des droits et de la formation.

Cette évolution du marché de l'emploi implique une refonte du droit du travail (qui ne couvre que le travail salarié, à l'exception de quelques rares articles), ainsi qu'une évolution de la protection sociale, tant dans son financement que dans ses modalités de distribution et de répartition.

Il faut aller vers des droits portables et transférables. En Allemagne, il existe par exemple des comptes épargne-temps, qui sont l'une des clés du succès du marché du travail. Les gens peuvent économiser du temps de travail et utiliser ce compte pour maintenir la stabilité de leur rémunération en cas de chômage partiel. « Nous défendons l'idée d'un compte social unique où tous les avantages sociaux (chômage, protection sociale…) se capitaliseraient, et ce quel que soit le statut sous lequel on travaille, explique Denis Pennel. Il faut que ces droits soient attachés à une personne, et non à un employeur. Il est donc nécessaire de bâtir un socle de droits fondamentaux qui s'appliqueraient à tous les travailleurs, quel que soit leur statut professionnel. »

D'une certaine façon, le travail temporaire a ouvert la voie en France, notamment en ce qui concerne les droits et la protection sociale. Des solutions ont été négociées au niveau de la branche professionnelle pour compenser la discontinuité des missions. Ainsi, une personne en intérim a des droits capitalisés (formation, retraite, protection sociale, accès au crédit ou au logement...), qu'elle conserve quelles que soient l'entreprise pour laquelle elle réalise une mission et l'entreprise de travail temporaire par laquelle elle passe.

De la même façon, la création d'un CDI intérimaire, complément du CDI, répond aussi bien aux besoins des entreprises que des individus, en inventant des modèles de stabilité et de sécurisation des parcours. En France, les emplois de ce type se développent, tout comme en Allemagne, aux Pays-Bas ou en Italie, où la signature du CDI intérimaire devient obligatoire au bout de deux ans. Ce dispositif concerne aujourd'hui 26000 salariés en France.

Le système d'intérim réconciliant flexibilité, prévisibilité et sécurité pourrait ainsi être généralisé. En établissant la transférabilité des droits, l'accompagnement des transitions professionnelles serait davantage assuré et encadré.

DÉVELOPPER LES COMPÉTENCES COMPORTEMENTALES DÈS L'ÉCOLE

Seulement 20 % des chefs d'entreprise trouvent que l'enseignement reçu à l'école par les jeunes est adapté aux réalités du monde du travail actuel (source : baromètre Jeunesse et confiance, 2017). Le système éducatif français doit donc évoluer.

Tout d'abord, il s'agit de faire évoluer plus rapidement les formations initiales ou d'en créer de nouvelles. Dans certaines nouvelles spécialités, les masters tardent à se mettre en place. Il faudrait que l'enseignement supérieur ait la capacité de réagir plus vite pour faire évoluer les enseignements. La temporalité n'est plus la même, les cycles sont de plus en plus courts. Bien sûr, il est utopique de penser que les formations peuvent préparer parfaitement aux différents métiers, car ces derniers changent sans cesse ou ne sont pas encore connus. Par ailleurs, l'école et la formation initiale n'ont pas vocation à s'adapter en continu aux transformations conjoncturelles du marché de l'emploi. Mais il est néanmoins important de mettre à jour le socle de base par rapport aux nouvelles technologies.

Il n'est pas question de remettre en cause l'importance des diplômes – qui constituent, surtout pour les plus jeunes, un formidable sésame pour entrer sur le marché du travail –, il s'agit juste de donner plus d'importance aux compétences comportementales. L'enquête 2018 de la Conférence des grandes écoles (CGE) sur l'insertion des jeunes diplômés révèle que 9 diplômés sur 10 sont en activité moins de six mois après la sortie de leur établissement (3 points de plus par rapport au cru 2016). L'insertion professionnelle des diplômés des grandes écoles atteint actuellement son plus haut niveau depuis 2010. Certes, le diplôme donne une orientation, apporte une culture générale, mais on ne peut plus uniquement se concentrer sur le parcours académique et les compétences techniques.

Le système académique est très bon en France, mais il aurait toutefois intérêt à développer davantage l'autonomie et la créativité des élèves. En effet, le monde d'aujourd'hui, et encore plus celui de demain, reposera sur l'agilité.

Le fait de mettre les jeunes dans un système très normé a des qualités, mais aussi des limites. La France aurait tout intérêt à s'inspirer d'autres systèmes éducatifs – comme le système américain ou suédois – pour davantage favoriser l'épanouissement des élèves, ainsi que leur créativité et leur capacité à prendre la parole en public. Aux États-Unis, les jeunes de 18-20 ans n'ont aucune appréhension à parler devant les autres, car on les a incités très tôt à s'exprimer, à communiquer, à prendre confiance en eux. Dans le système français, on ne leur enseigne pas suffisamment l'expression orale, et on les place rarement dans des situations où ils apprendront à développer leur confiance en eux. La réforme du bac va dans le bon sens, puisqu'elle doit introduire un grand oral. Le ministre de l'Éducation, Jean-Michel Blanquer, a justifié ainsi la mise en place de ce dernier: « Savoir s'exprimer dans un français correct est essentiel pour les études, pour la vie personnelle et professionnelle. Parce que l'aisance à l'oral constitue un marqueur social, il convient justement d'offrir à tous les élèves l'acquisition de cette compétence. »

Certaines compétences comportementales peuvent s'apprendre dès l'école, voire avant: empathie, sens de la communication, de l'écoute, expression orale, créativité, curiosité, travail collaboratif… On commence à intégrer tout cela, mais pas assez vite.

Il s'agit surtout de former à l'esprit critique, d'apprendre à réfléchir. Aujourd'hui, on ne peut plus se contenter d'élèves n'ayant acquis que des connaissances théoriques. Le bon élève, qui sait restituer son savoir, ne réussira plus forcément dans le monde professionnel. Il faut désormais être capable d'interroger ses schémas de base, de proposer des solutions, d'être proactif, de s'adapter à une situation… Cela demande beaucoup de souplesse intellectuelle et donc d'esprit critique.

Aux États-Unis, les jeunes de 18-20 ans n'ont aucune appréhension à parler devant les autres, car on les a incités très tôt à s'exprimer, à communiquer, à prendre confiance en eux.

L'entreprise ne recherche plus seulement une personne capable d'effectuer une liste de tâches, mais une personne qui soit capable de faire différemment, de gagner du temps, de travailler de manière collaborative, de s'adapter rapidement à de nouveaux outils. Ce qu'elle veut, ce n'est pas quelqu'un se contentant de « faire le travail » (un profil), mais une personnalité capable de l'aider à comprendre comment le faire de manière plus performante, afin de remplir l'objectif. Bref, elle désire trouver un collaborateur acteur de son travail.

Ainsi, au-delà des strictes compétences professionnelles propres à un métier ou à un secteur, compétences qui restent naturellement indispensables, il convient d'accorder une attention particulière à l'amélioration de la maîtrise des compétences qui, à l'avenir, seront parmi les plus sollicitées dans un marché de l'emploi mouvant et évolutif, et par des entreprises confrontées à un changement permanent.

Par ailleurs, la transformation digitale permet de modifier en profondeur les pratiques pédagogiques (individualisation des apprentissages, tutoriels sur Internet, etc.). Il convient d'en utiliser les meilleurs outils. « Le numérique est porteur d'une culture de la confiance, du doute, du risque, de l'erreur, des compétences, plutôt que seulement des savoirs. Ce ne sont pas toujours des valeurs qu'a véhiculées l'école dans le passé », peut-on lire très justement dans le rapport du Conseil d'orientation pour l'emploi (*Automatisation, numérisation et emploi*, tome II, septembre 2017). « De la même manière, poursuit le COE, "savoir s'orienter" devrait être considéré comme une compétence enseignée à l'école : c'est l'une des dimensions de l'émancipation des personnes comme de leur réussite professionnelle. Plusieurs expérimentations sont en cours. Elles devront être évaluées avec précision. »

Enfin, il faut davantage faire entrer les entreprises dans les écoles. Aujourd'hui, il y a en effet un vrai décalage entre le système éducatif et le monde du travail. Le système d'orientation au collège et au lycée est inadapté à la réalité de l'entreprise. Certains efforts sont faits (et Jean-Michel Blanquer a indiqué vouloir insister), mais, à l'heure actuelle, ils restent très insuffisants.

 # Il faut donner aux individus qui ont le bon tempérament et les compétences comportementales adéquates la possibilité de rattraper un socle de compétences techniques pour exercer un nouveau métier.

D'intéressantes initiatives existent, mais il faut les développer et leur donner plus d'ampleur : stages d'observation en milieu professionnel en fin de troisième, parcours « avenir », Semaine école-entreprise, Semaine de l'industrie, stages en entreprise pour les enseignants, mission éducation-économie mise en place par l'académie de Lyon, association « Un stage et après » (lancée il y a dix ans pour aider les collégiens issus du milieu rural et des quartiers défavorisés à trouver des stages), etc. L'Association jeunesse et entreprises (AJE) œuvre depuis 1986 pour l'employabilité des jeunes. Elle a pour objectif d'informer les jeunes, leurs enseignants et leurs parents sur les attentes des entreprises, attentes en constante évolution en matière de formation et de compétences. Grâce au concours de son réseau de clubs AJE disséminés sur tout le territoire, l'Association jeunesse et entreprises organise des actions avec ses entreprises partenaires – locales ou nationales –, et notamment des témoignages d'entrepreneurs pour initier les jeunes aux nouvelles pratiques du monde du travail et à la transformation des métiers à l'heure du numérique. Chaque année, les actions locales menées par l'AJE impliquent 2000 entreprises, 2600 enseignants et 50000 jeunes. L'Association jeunesse et entreprises a lancé, en septembre 2018, un *massive open online course*, le #MOOC AJE, une plateforme numérique pédagogique créée pour présenter aux jeunes le monde de l'entreprise et des professionnels, avec ses codes, ses règles et ses transformations.

Enfin, il faut multiplier les passerelles au niveau de l'Éducation nationale et de l'enseignement supérieur. On a déjà commencé, en permettant par exemple d'intégrer une école de commerce après des études littéraires, mais il faut aller beaucoup plus loin. Ce n'est pas parce que l'on a été formé pour travailler dans un secteur d'activité particulier ou pour exercer un métier que l'on est obligé de faire cela toute sa vie. Il faut donner aux individus qui ont le bon tempérament et les compétences comportementales adéquates la possibilité de rattraper un socle de compétences techniques pour exercer un nouveau métier. Il faut casser les silos, offrir beaucoup plus de possibilités et de choix.

Mettre autant de pression sur les jeunes qui s'orientent est contre-productif car, de toute façon, ils seront amenés à pratiquer différents métiers. Donnons-leur donc la possibilité de changer, de passer d'une filière à une autre. Cela dépassionnerait les débats. Pour cela, enrichissons la formation de chacun, multiplions les passerelles, revoyons les critères d'accès à certaines filières. Concernant les compétences « dures », manuelles ou intellectuelles, le socle doit bien évidemment être acquis, mais faisons en sorte qu'il soit plus facile de le rattraper si la personne en a l'envie et les capacités. La suite de l'histoire s'écrira ensuite avec la formation continue.

L'objectif est donc de rendre davantage flexible la formation initiale et de soutenir les entreprises au niveau de la formation continue.

METTRE EN PLACE UNE *BLOCKCHAIN* PUBLIQUE POUR HÉBERGER LE CV DE DEMAIN

Un autre défi important pour les pouvoirs publics et Pôle emploi est la mise en place du CV de demain. Comme nous l'avons vu dans le chapitre 2, ce CV pourrait être une sorte d'espace interactif comprenant un coffre-fort de données personnelles – sécurisé et inaltérable – hébergé sur le cloud. La personne pourrait y retrouver toutes ses informations : *soft skills* et *hard skills* validées via des cursus, diplômes ou certifications, projets personnels, résultat de tests de personnalité, etc. Elle pourrait aussi accéder à son réseau de contacts (carnet d'adresses via les réseaux sociaux, plateformes de messageries…) et trouver, grâce à un assistant intelligent, des formations et des missions qui lui correspondent. On peut enfin imaginer que les niveaux d'accès à cet espace personnel pour des tiers seront gérés par le candidat.

La France – ou la Commission européenne – pourrait définir la norme d'une nouvelle *blockchain* pour l'emploi. La *blockchain* est une technologie numérique de cryptage (technologie sur laquelle repose par exemple le réseau monétaire Bitcoin) qui permet de certifier (validation par de multiples parties), de sécuriser et de rendre inaltérables toutes sortes d'informations, qu'elles soient publiques ou privées. Actuellement, les données communiquées dans le cadre d'un recrutement (diplôme, expérience professionnelle validée au sein d'une entreprise, salaire, formations etc.) sont déclaratives. Cette technologie permettrait de rassembler bien plus d'informations que sur un simple CV et de les rendre accessibles à un candidat et à un recruteur. Les seuls acteurs capables d'avoir une neutralité et une légitimité à la hauteur de cette ambition sont l'État et les services publics.

Fin 2016, le ministère de l'Éducation nationale avait lancé la création d'un service numérique permettant aux détenteurs d'un diplôme national visé par l'État d'attester la validité d'un document, mais le projet a pris du retard et le site dédié à ce service – diplome.gouv.fr – continue d'annoncer une ouverture prochaine. Cependant, le gouvernement a bel et bien publié au *Journal officiel* du 24 mai 2018 un arrêté autorisant le ministère de l'Éducation nationale à mettre en œuvre un traitement automatisé des données à caractère personnel nommé « Service d'attestation numérique des diplômes ».

En attendant, pour lutter contre la fraude au diplôme dans les CV (des études montrent que près de 30 % des CV transmis par les candidats aux cabinets de recrutement mentionnent des diplômes « de façon abusive ou inexacte »), de plus en plus d'écoles ont franchi le pas et choisissent d'inscrire les leurs sur une *blockchain*. L'école supérieure d'ingénieurs Léonard-de-Vinci a ainsi noué un partenariat avec la société Paymium, spécialisée dans la technologie Bitcoin, pour rendre ses diplômes infalsifiables et facilement vérifiables.

Par ailleurs, cet espace interactif pourrait être l'endroit choisi par les intermédiaires de l'emploi pour faire des suggestions aux candidats : des propositions de formations, des idées de passerelles pour évoluer vers tel poste ou vers tel secteur d'activité, ou encore des offres d'emploi géolocalisées et correspondant au profil de la personne.

Cet outil serait tout aussi utile au postulant qu'au recruteur. En effet, le candidat ne sait pas toujours à quel poste il peut prétendre. Parfois, il se fait une montagne d'un métier ou d'un secteur d'activité, alors qu'il lui suffirait peut-être de quelques compétences ou formations complémentaires pour pouvoir y accéder. Cet espace pourrait donc le guider, lui apporter les informations et les contacts utiles. Les entreprises pourraient également avoir intérêt à communiquer sur les formations existant en interne, ainsi que sur les passerelles qu'elles proposent pour évoluer vers différents métiers.

Pour lutter contre la fraude au diplôme dans les CV, de plus en plus d'écoles ont franchi le pas et choisissent d'inscrire les leurs sur une *blockchain*.

L'objectif est de créer une nouvelle dynamique grâce à laquelle l'information serait accessible plus vite, de façon plus complète, plus fiable et plus sécurisée, peu importe l'endroit où l'on se trouve. Cela permettrait de fluidifier le marché de l'emploi et d'éviter les blocages ou les mauvais choix.

CONCLUSION

Je suis convaincue que l'on ne recrutera plus jamais comme avant.

Les candidats ont changé, les entreprises aussi. Les postulants sont de mieux en mieux informés et de plus en plus exigeants. Leur rapport au travail et à l'entreprise s'est profondément modifié : ils veulent trouver un sens à leur travail et ont besoin d'adhérer à un projet. De plus, ils attendent davantage de flexibilité horaire et spatiale, et veillent à préserver une certaine qualité de vie, ainsi que leur équilibre vie personnelle/vie professionnelle.

De leur côté, les entreprises font face à un marché en constante évolution et ne peuvent plus se permettre de vivre sur leurs acquis ou de continuer d'user de méthodes devenues inopérantes. Le marché de l'emploi en France – et en particulier celui des cadres – tend à s'inverser depuis dix-huit mois, et la guerre des talents et des compétences est déjà une réalité pour de nombreuses organisations.

La balle est désormais dans le camp des candidats qui, pour les plus talentueux d'entre eux, peuvent se permettre de choisir parmi les organisations qui recrutent. Cette inversion du rapport de forces impose de nouvelles pratiques en termes d'attractivité et de recrutement. Les entreprises doivent plus que jamais mettre en avant leurs valeurs, leur culture, leur environnement de travail et leur fonctionnement, et personnaliser les relations avec les candidats et collaborateurs potentiels. On ne peut plus recruter comme avant.

Le recrutement est devenu plus que jamais stratégique, et nécessite de se professionnaliser et d'innover sans cesse. Différents outils technologiques, comme la data ou les algorithmes de l'intelligence artificielle, peuvent être utiles aux recruteurs, notamment pour améliorer le *sourcing* et le *matching*, mais l'humain doit absolument rester au centre de tout.

Si l'on veut réinventer le recrutement et réussir cette révolution, il y a deux conditions à remplir : faire évoluer les mentalités, pour que les recruteurs s'intéressent davantage à la personnalité et à l'intelligence émotionnelle des candidats qu'à leurs diplômes ou leur expérience, et faire en sorte que tous les acteurs de l'emploi œuvrent ensemble.

Chacun a son rôle à jouer.

À nous, recruteurs, de travailler en profondeur les offres d'emploi pour les rendre plus attractives et plus transparentes, de continuer à innover dans nos process pour plus de personnalisation et d'efficacité.

Si l'on veut réussir à attirer les meilleurs, il faut faire en sorte que les candidats puissent tout à fait se projeter dans le poste proposé, et s'assurer de bien connaître leurs leviers de motivation. Pour cela, l'entreprise doit communiquer de façon authentique sur sa marque employeur, et mettre en avant les évolutions possibles pour répondre aux exigences et à la quête de sens perpétuelle des candidats. Il est également urgent – et essentiel – de raccourcir les délais de recrutement. Si les processus de recrutement sont trop complexes, les bons candidats, très sollicités, iront voir ailleurs, et l'image de marque de l'entreprise pourrait en pâtir (l'on sait aujourd'hui comment un buzz négatif peut se diffuser rapidement et durablement). Au contraire, une bonne expérience, partagée sur les réseaux sociaux, contribue à renforcer la marque employeur. L'expérience candidat doit donc plus que jamais être efficiente.

Aux DRH de sensibiliser en interne les dirigeants, et aux managers de briser les vieux schémas et de participer à la construction d'une marque employeur forte et authentique. Il est urgent d'arrêter le clonage dans le recrutement et d'intégrer des profils plus divers.

Il s'agit maintenant de recruter des personnalités davantage que des profils ou des parcours qui rassurent. Les compétences comportementales (*soft skills*) doivent être mieux évaluées et valorisées dans le processus de sélection. La personnalité des candidats, longtemps reléguée au second plan par les employeurs, doit devenir décisive. La phase d'intégration doit également être particulièrement soignée, afin d'éviter une rupture prématurée de la période d'essai à l'initiative du salarié. Enfin, la formation continue constitue la clé du développement des compétences et de l'évolution au sein de l'entreprise. De nombreuses initiatives intéressantes existent à ce sujet, mais il faut les multiplier et les démocratiser.

Si l'on veut réinventer le recrutement et réussir cette révolution, il y a deux conditions à remplir : faire évoluer les mentalités (...) et faire en sorte que tous les acteurs de l'emploi œuvrent ensemble.

Aux pouvoirs publics de fluidifier le marché de l'emploi et de poursuivre la réforme du Code du travail – et notamment de la formation professionnelle –, afin de répondre à l'évolution rapide des métiers et faciliter les transitions professionnelles. Les grands défis induits par la mutation du travail et par la multiplication des formes d'emploi exigent de repenser le droit du travail et la protection sociale, encore trop centrés sur le modèle du CDI à temps plein. Une possibilité serait de créer un statut général de l'actif, statut qui permettrait, d'une part, une plus grande harmonisation des droits sociaux entre salariés et non-salariés, et, d'autre part, une universalisation de la protection sociale. Ce statut général protégerait davantage les individus et faciliterait les transitions sur le marché de l'emploi.

À l'Éducation nationale et à l'enseignement supérieur d'innover, afin d'enseigner davantage les *soft skills* et de développer plus rapidement des formations correspondant aux besoins des entreprises dans un marché de plus en plus concurrentiel, où la réactivité est la clé de la compétitivité.

Pour mener à bien cette révolution, il est dans l'intérêt de tous d'échanger pour bien définir les objectifs et les moyens de les atteindre. Nous avons encore trop tendance à travailler seuls, alors que nous gagnerions à partager nos expériences et nos besoins.

Si nous réussissons à relever ces nombreux défis, les impacts positifs seront visibles au niveau individuel, mais aussi au niveau collectif : une plus grande flexibilité du marché de l'emploi et un raccourcissement du temps de recherche pour les candidats, plus de mobilité des salariés, moins d'immobilisme dans les entreprises, moins de travail « mécanique » et raisonnable, plus de sens et de passion, des salariés plus motivés et plus engagés, des organisations plus flexibles et plus humaines, plus de diversité et, de fait, plus de performance.

L'objectif est de parvenir à insuffler davantage de mouvement, de dynamisme, d'innovation, de transparence, de diversité, d'ouverture et d'authenticité dans les relations entre les candidats et les recruteurs, comme dans les relations au sein même des entreprises.

REMERCIEMENTS

L'auteure adresse un remerciement tout particulier à Jérémy Lamri et Denis Pennel pour avoir apporté leur témoignage précieux.

Elle remercie également l'ensemble des collaborateurs de PageGroup qui ont participé à l'élaboration de cet ouvrage et ont permis d'en faire un projet et une réussite collectifs.

MIXTE
Papier issu de sources responsables
FSC® C003309

Les papiers utilisés dans cet ouvrage
sont issus de forêts responsablement gérées.

Mis en pages par Soft Office – Eybens (38)
Achevé d'imprimer chez SEPEC
Dépôt légal : octobre 2018
N° d'édition : 5850 – N° d'impression : 08271180902
ISBN 978-2-7491-5850-1